ESTE ES MI CAMINO

Diario con 365 Pensamientos Positivos para tu Autocuidado

Mauricio Vasquez

Be.Bull Publishing

ISBN 978-1-990709-48-7

¿No te parece que es como de locos lo rápido que se va el año entero? Con lo ocupados que podemos llegar a estar, podría parecer que nunca disponemos de tiempo como para detenernos a reflexionar sobre los eventos que nos han sucedido, y cómo nos han impactado.

¿Y si hubiera un método con el cual pudiéramos inspirarnos cada día? Que nuestra inspiración no dependiera de lo exterior, ¡que nosotros mismos pudiéramos generar un espacio seguro y consecuente para cultivar nuestra confianza y mejorar como personas!

Este proceso es más que un solo enfoque. Estos son solo algunos de sus beneficios:

- Descubrir aquello que verdaderamente trae alegría e inspiración a nuestras vidas.
- Cómo llevar un diario puede convertirse en una poderosa herramienta para ayudarnos en nuestro crecimiento y auto guía.
- Cómo la positividad puede hacer que nuestros pensamientos trabajen para nosotros y no en contra nuestra.
- Priorizar nuestro autocuidado nos ayudará a formar hábitos saludables y de gran impacto.

Todos los días de nuestra vida se nos presentan oportunidades para crecer o para permanecer estancados, pero únicamente cuando estamos preparados y listos para el cambio, es que podemos elegir la correcta! Al desarrollar un pensamiento calmo que nos permita vivir un día a la vez, cuando llegue el momento, ¡seremos capaces de tomar las mejores y más saludables decisiones en nuestro beneficio!

En lugar de que lo abordemos de manera mensual, o incluso semanal, este camino tiene un enfoque muchísimo más específico, ¡se orienta a que tu crecimiento sea algo que pueda ocurrir todos los días!

Todos los días tendremos frases únicas e inspiradoras que nos proporcionarán algo real y personal en lo qué pensar. Una vez que hayamos dedicado tiempo y consideración a esas frases inspiradoras, responderemos unas cuantas preguntas que nos servirán de brújula para el proceso de reflexión.

Independientemente de que utilicemos el tiempo para superar nuestras ansiedades o miedos, para fortalecernos por medio de un pensamiento positivo, o para aprender acerca de cómo nuestras acciones impactan las vidas de los demás, no pasará un solo día sin que podamos descubrir algo nuevo acerca de nosotros, incluyendo maneras progresivas y coherentes para mejorarnos cada día!

Esto es más que autoayuda, y más que un libro; este es un año para lograr un profundo entendimiento de la vida, para saber quiénes somos y para reconocer cuál es nuestro propósito. Descubramos la nuestra mejor versión de nosotros mismos y aprendamos a hacer que se manifieste en todos los aspectos de nuestras vidas. ¡Nosotros valemos esta inversión de 365 días y nos merecemos los poderosos frutos que de ella deriven!

Tabla de contenidos

Este libro está dedicado a mi familia, mi esposa Devon, y nuestra hija, Aria Capri.

Gracias a ambas por su apoyo y amor. Ustedes son mi luz y mi inspiración.

Las amo.

Prefacio

Escribí este libro para ayudarme a mí mismo a comprender el proceso de la autosuperación, y también para compartirlo contigo para que así pudiéramos recorrer juntos este camino. Si bien este libro contempla los 365 días del año, no significa que la travesía deba limitarse a solo un año. La primera cosa que aprendí a lo largo de mi viaje, es que éste dura tanto como nosotros lo deseemos.

Nosotros podemos descubrir nuevas posibilidades en nuestras vidas, ya sea a través de las afirmaciones positivas contenidas dentro de este libro, o haciéndonos preguntas importantes que desafíen nuestras mentes y espíritus, preguntas que nos hagan reflexionar y profundizar aún más en nuestra conciencia. Por ejemplo, preguntas tales como:

- ¿Cómo asumimos la responsabilidad de nuestras vidas?
- ¿Cómo podemos arrojar más claridad al respecto de quiénes somos, y de lo que tenemos en nuestras mentes y almas?
- ¿Cómo podemos transformarnos para mejor?

¿Yo cómo podría aportar? ¿Qué me hace tan especial, como para pensar que podría ayudar a otros? Bueno, la verdad es que no tengo nada de especial. Sin embargo, lo que sí puedo ofrecerte es mi guía. Estando aventajado en este viaje, puedo enseñarte cómo fui librando los obstáculos, cómo superé mis debilidades y mis miedos, y cómo es que podemos continuar ahora juntos la travesía de la vida.

Este camino es una batalla continua para superar los desafíos que se nos presentan cada día. Debemos darles la bienvenida a estos retos porque son lo que nos hace crecer y desarrollarnos como individuos. Todos nosotros contamos con poder de decisión—de nosotros depende que los obstáculos nos bloqueen el camino o que los derrotemos para continuar por el sendero de la autosuperación.

Las experiencias difíciles son aspectos inevitables de la vida y, muy a menudo, las personas se sienten solas y aisladas por sus situaciones. ¡La meta para todos nosotros, personas imperfectas, es sobreponernos y seguir adelante!

No se trata de volverme rico o famoso o cualquier otro aspecto superficial que se le parezca. Yo no soy nada de eso. Únicamente trato de dejar a un lado mi ego para reconocer que soy humano, y que mi humanidad significa que soy simplemente un proyecto en evolución y crecimiento. Donde me encontraba en el pasado no era en donde tenía que quedarme, por eso trato trato de mejorarme. En adición, aprendí que cualquier persona, si es capaz de identificar las áreas de mejora y decide actuar en consecuencia, puede mejorarse a sí mismo.

Con todas las cosas que ocurren a lo largo y ancho del mundo, ello me hace pensar que es muy importante que encontremos diariamente, dentro de nosotros mismos, valor y poder. Cuando las cosas van mal, mucha gente siente que lo negativo se manifiesta mucho más; ansiedad, sentimientos de aislamiento, incertidumbre laboral, y una gran variedad de otros problemas.

Todos estos caminos me llevaron a donde estoy y estamos ahora; listos para el cambio, para la positividad, y para encontrar, cada día, una razón extra para sentirnos agradecidos.

El sentido de pertenencia a una comunidad es una parte esencial de este camino, así que, si quieres conectarte conmigo, puedes encontrarme en LinkedIn. Por favor, visita el link o escanea el código QR de aquí:

linkedin.com/in/mauriciovasquez

Te deseo lo mejor,

Mauricio Vasquez

Introducción

¿Cuándo fue la última vez que tuviste un pensamiento positivo? No me refiero a uno fugaz, sino a una ocasión en la que le hayas impartido sabiduría a una de las partes más profundas de ti mismo. Para muchos de nosotros, ha pasado un largo tiempo. Si lo piensas un poco, esto es lo que sucede cuando nos tendemos la mano a nosotros mismos para ayudarnos a levantarnos, o cuando nos regalamos las afirmaciones que tanta falta nos hacen. Los pensamientos positivos nos llenan de valor para que continuemos por la senda que recorremos, o nos otorgan la seguridad para que tomemos una nueva dirección.

Una buena noticia, es que la ciencia respalda los efectos beneficiosos que tienen los pensamientos positivos o las pausas diarias que podemos efectuar para darnos ánimos. Aún siendo así de increíbles como son, de vez en cuando, nuestros cerebros todavía necesitan de un pequeño empujón y, curiosamente, una de las áreas beneficiadas al hacerlo es la de la comprensión referente a nuestro valor personal.

Nuestras mentes pueden llegar a confundirse acerca de lo que es real y lo que no es real, creando así una brecha en la realidad. Este fenómeno puede resultar ser un producto de una retroalimentación negativa, o de algún desacuerdo con un amigo o un familiar. De no anclarnos con valor a nuestras convicciones, podríamos llegar a dudar de nuestro propio punto de vista y la realidad ajena se volvería la nuestra.

Cuando traemos más positividad a nuestros días, ayudamos a que nuestros cerebros comprendan mejor la realidad. La positividad ayuda a que reconozcamos nuestra propia valía y a que veamos las cosas claramente, sin todas esas distracciones que nos frenan e impiden que sigamos adelante. La negatividad no es más que eso—distracciones que nos frenan y juegan con nuestra mente.

Que comprendas esto es más importante de lo que crees, pues muchas personas tienen expectativas y suposiciones inconscientes que después salen a la luz. Toma esto en consideración para tu primera prueba de honestidad contigo mismo.

¿Sientes que quieres mejorar algún aspecto de tu vida?

Esta es una pregunta importante. Todos tenemos nuestras razones para emprender este viaje, pero a menos que sepamos cuál es la razón específica por la que queremos pasar por este proceso, no podremos saber qué tanto éxito hemos tenido. Por esta razón necesitamos algo con lo qué medir nuestro éxito.

Escribir un diario ha probado ser un excelente método para recopilar nuestros pensamientos, y si respondemos las preguntas que nos plantea este libro, podremos examinar nuestros sentimientos más íntimos. Este método de autorreflexión tuvo su origen en los tiempos del Imperio Romano, cuando el emperador Marco Aurelio escribió una serie de libros basados en sus propios pensamientos y reflexiones. A pesar de haber experimentado la guerra, la plaga, y un intento de sus aliados más cercanos por quitarle el trono, él encontró el tiempo para anotar sus pensamientos para su autosuperación y consejo.

¡Muy a menudo nos olvidamos de lo poderosos que somos, siendo nosotros mismos! No importa cuántas veces escuchemos eso de que la capacidad para el cambio reside dentro nosotros, simplemente no nos entra en la cabeza. Y bueno, eso se debe a que toma tiempo, paciencia y voluntad seguir en el proceso. Un cambio real y duradero no ocurre de la noche a la mañana, se da por medio de afirmaciones diarias que nos inspiran y recuerdan quiénes somos, y que nos permiten avanzar con este proceso.

Esta es una experiencia de "forma libre", así que, sea cual sea la forma en la que *tú* decidas leer este libro, ¡es perfecta! Mientras obtengas resultados positivos, este proceso de superación estará funcionando.

Puedes ir día a día de manera cronológica, de modo que, si comenzaste con el libro el día 23 de febrero, considerarías ese día como el Día 1, y volverías allí al cabo de un año. Si eres la clase de persona que prefiere "hacerlo a su manera", entonces hazlo, encuentra las frases y preguntas que más resuenen contigo en este viaje y úsalas en tu vida para inspirarte. En el mundo ya hay demasiadas presiones y cosas estresantes; una experiencia como la de este libro, pensada para inspirarte y darte seguridad, no debería de añadir más negatividad.

Cada afirmación diaria está ahí para inspirar y elevar nuestro ánimo por medio de frases orientadas a algún aspecto de nuestras vidas. Después de las frases, habrá preguntas para responder. Este orden hará que, más allá de solo leer las frases, hagamos un momento de reflexión, y después las preguntas a continuación actuarán como una mini meditación guiada. Pero no te preocupes; las preguntas no se parecen a las complejas preguntas abiertas que aparecían en los exámenes de la escuela—estas son preguntas ligeras y están orientadas a que alcancemos la paz dentro de nosotros mismos. Si las frases abren tu mente, las preguntas ayudan a reflexionar acerca de cómo éstas adquieren sentido en tu vida.

Al igual que sucede con la manera en la que decidas llevar a cabo la lectura de este libro, el modo en el que decidas responder las preguntas depende completamente de ti. Habrá espacio para que escribas tus pensamientos, pero, por supuesto, si lo prefieres también puedes usar una hoja aparte o incluso teclearlo en algún dispositivo. Entre más cómodo te sientas con el proceso, más provecho le sacarás.

Uno de los aspectos más gratificantes de esta travesía es el momento en el cual lees las frases y sientes, casi como si te lo señalasen, a qué parte de tu vida le están hablando.

Mejorarte como persona no funciona como accionar un interruptor; es un proceso gradual que requiere de cierto tiempo para volverse duradero. Algo que se dice a menudo, es que la vida es mejor vivirla con la mentalidad de "vivir un día a la vez". Y bueno, esta experiencia está diseñada con esa idea en mente—un día, una frase, una lección a la vez. Te sorprenderás al notar cómo las frases y preguntas florecen en tus pensamientos a lo largo de tu día y cómo incluso son capaces de detonar descubrimientos fascinantes sobre tu persona.

Recuerda, los obstáculos pueden bloquearnos el camino o nosotros podemos elegir superarlos para seguir mejorando. Es tu elección. Todo comienza contigo y con un día—esta es la semilla a partir de la cual todo crecerá.

¡Este es tu camino!

Capítulo Uno: Enero

Comúnmente, enero es el mes en el que puedo reiniciar desde cero y mirar hacia delante, hacia al año que me espera. El significado original del nombre del mes llama la atención sobre algo que suele pasarse por alto. *January*, enero en inglés, proviene del nombre del dios romano, *Janus*. Janus poseía dos caras; la primera miraba delante, la segunda miraba hacia atrás. El significado detrás de estas características aludía a dos cosas: es igual de importante mirar al futuro y prepararse para el camino faltante, que echar un vistazo al pasado para reflexionar acerca del trecho que se ha recorrido.

Aunque es importante proponerse propósitos para cada año nuevo, tal vez, en estos momentos, yo deseo enfocarme *en mí mismo* y aprovechar los meses que me esperan para inspirarme e ir mejorando poco a poco. La meta bien vale la pena, y además el crecimiento personal que experimentaré a lo largo del camino será alentador.

Todo comienza aquí, con mi primer día...

01 DE ENERO

Confiaré en que poseo la fuerza necesaria para asumir los riesgos y para enfrentarme a los desafíos que me esperan. La confianza se trata de que yo crea, de una manera optimista y realista, en mi potencial verdadero e intrínseco; ambos, tanto los potenciales alcanzados y los que están por alcanzarse.

¿Cuáles son mis metas realistas para este nuevo año? ¿Por qué son importantes para mí? ¿Cuáles son las razones que se esconden detrás de mi deseo por alcanzar estas metas?

---

02 DE ENERO

Mi viaje gira en torno a aprender lo más que pueda acerca de mi crecimiento y desarrollo personal. El aprendizaje es donde mi progreso comienza; donde aprendo sobre mí mismo y sobre el mundo que me rodea.

¿Qué es algo que puedo aprender hoy, que podría ayudarme a comenzar con mi crecimiento y desarrollo personal? ¿En qué me beneficiaría aprender eso?

---

03 DE ENERO

Cada reto al que me enfrento a lo largo de mi vida es una oportunidad de aprendizaje, y una oportunidad para crecer y para que mi vida adquiera más sentido. El proposito de mi vida es algo mucho más grande que yo—va más allá de mis necesidades—es aquello que hará que yo actúe. Es mi razón contundente para vivir y moverme en este mundo.

En el pasado, ¿qué es aquello que ha estado impidiendo que viva una vida con más sentido? ¿Cómo podría evitar que esto siga ocurriendo?

04 DE ENERO

Mis fortalezas y dones me pertenecen; me ayudarán en la creación de una vida con más propósito. Mis fortalezas son los activos a los que puedo acceder en tiempos difíciles y son el origen de mi resiliencia.

¿Cuáles son algunas "fortalezas y dones" que raramente reconozco poseer? ¿De qué cosas me estoy perdiendo al no reconocerlas y, tal vez, al no recurrir más a ellas en mi vida?

05 DE ENERO

La forma en la que yo elija comenzar mi mañana puede brindarme las herramientas necesarias para conquistar mi día. El cómo yo decida comenzar el día dictará cómo se desarrollará el resto, y también me alejará o acercará a los objetivos que me haya propuesto para el dia.

¿Qué estoy haciendo (o no estoy haciendo) al inicio del día, que está evitando que yo enfoque mi mente para alcanzar éxito en mi día? ¿Cuál es el precio de ignorar la importancia y consecuencias de mis mañanas?

_____

_____

_____

_____

06 DE ENERO

No permitiré que las opiniones ajenas sobre mí dicten cómo debo vivir mi vida. Mi independencia hace crecer mi autovalía y mi autoestima.

Si tomo en consideración mi último año, ¿he dejado que la opinión ajena me afecte o me robe algo? ¿Cómo me afecto o de que me robo?¿Cómo evitare esto en un futuro?

_____

_____

_____

_____

Las metas que me proponga hoy irán modelando a mi futuro yo. Que yo cumpla con mis metas, es así como mis sueños se vuelven realidad.

En mi realidad actual, ¿cuáles son los obstáculos que se interponen entre mí y una de mis metas específicas? ¿Qué es lo que puedo hacer para que dicha meta se vuelva más definida y alcanzable?

_____

_____

_____

_____

08 DE ENERO

Mantener una mentalidad saludable contribuirá al entendimiento, tanto de mis posibilidades, como de mis limitaciones. Una mentalidad saludable significa que elijo buscar soluciones en lugar de enfocarme en mis problemas. Tener una mentalidad saludable conlleva ser capaz de aprender de mis errores.

¿Qué clase de cosas podrían estar afectando negativamente a mi mentalidad? ¿Qué puedo hacer para incrementar las probabilidades de ser capaz de identificar mis posibilidades y limitaciones?

_____

_____

_____

_____

09 DE ENERO

Entre más intencionado sea yo, entre más coherente sea en mis valores, más receptivo a la realización y a la satisfacción me volveré. Mis valores personales son un elemento central para la persona que soy y que aspiro ser.

¿Cuáles son los valores más significativos de los que hago gala como el líder de mi propia vida? ¿Cuál es la acción más radical que puedo llevar a cabo para honrar plenamente a mis valores?

---

10 DE ENERO

Conocerme a mí mismo significa que comprendo individualmente cada una de mis fortalezas, y que conozco la forma en la que pueden trabajar juntas en conexión para continuar en el camino de mi superación. Mis fortalezas incluyen mis conocimientos, atributos, destrezas y talentos destacados.

¿Con cuánta intensidad no solo reconozco, sino también me adueño de las fortalezas presentes en mi vida? ¿Cuáles son mis mejores fortalezas, de las cuales me siento orgulloso? ¿Qué aportan a mi vida?

11 DE ENERO

Mientras más auténtico sea conmigo mismo, más autenticidad reflejaré en mis expresiones y en el modo en el cual me relaciono con los demás.

¿Cuáles podrían ser mis razones para no sentirme cómodo con la versión más genuina de mí? ¿Qué cambios realistas puedo efectuar ahora mismo para cambiar mi mentalidad?

12 DE ENERO

Aún si me encuentro en mitad de un desafío, me esforzaré por percibir al mundo como un lugar esperanzador. Lo veré como un sitio lleno de sentido de propósito y de posibilidades.

¿Qué es lo que actualmente entiendo por mi propósito? ¿Qué me queda aún por aprender? ¿Qué puedo hacer para aprender más al respecto?

13 DE ENERO

Incluso aunque no siempre resulte tarea fácil, me daré permiso para aprender por medio de mis errores. Las lecciones de vida más importantes que jamás aprenderé me las enseñarán mis malas decisiones.

En mi vida, ¿cuáles son los éxitos y fracasos que más destacan para mí? ¿Qué lecciones aprendí de ambos?

_____

_____

_____

_____

14 DE ENERO

Entender mi realidad y conocer qué es lo que funciona o no funciona mejor para mí es un aspecto esencial a tomar en cuenta a la hora de fijarme mis metas. Fijaré metas para mí mismo, no para cumplir con las expectativas de los demás. Mis metas deben cimentarse en mi visión y en mi sentido de propósito.

De las metas de mi vida, ¿cuáles están ahí solo porque pienso que deberían de estarlo? ¿Cuál es esa nueva meta que puedo proponerme y que se alinea con mi visión y sentido de propósito?

_____

_____

_____

_____

15 DE ENERO

Mi vida no se define tan solo por un instante o una experiencia. Soy más que aquello que me ha pasado, y tengo el control sobre mi futuro.

¿Cuáles son las brechas o diferencias más significativas entre donde me encuentro actualmente y donde quisiera estar en el futuro? ¿Qué tipo de acciones harán falta para eliminar dichas brechas o diferencias?

16 DE ENERO

Cualquier cambio que yo, intencionalmente, esté manifestando, tendrá su origen en un estado de consciencia. Estar consciente se trata de reconocer el momento presente, y de saber en dónde me encuentro justo ahora.

¿Qué debo soltar para poder seguir moviéndome poderosamente en mi vida? ¿Cómo sabré qué es lo que me falta por ver?

17 DE ENERO

Encontraré la valentía para aventurarme fuera de mi zona de confort porque entiendo que dicha valentía proviene de la fe en mí mismo. Salir de mi zona de confort me ayuda a vivir al máximo la vida, a madurar, y a crecer como individuo.

¿En qué tipo de situación salí de mi zona de confort? ¿Qué gané o aprendí al atreverme a dar este paso?

_____

_____

_____

_____

18 DE ENERO

En la vida, mis decisiones van trazando un mapa que refleja y muestra mis valores. Este mapa me ayudará a aprender más acerca de mí mismo, de lo que me importa, y de lo que en verdad me impulsa.

¿Cuáles son los valores centrales que me ayudan a ir navegando por la vida? Esos valores, ¿cómo me ayudarán a encontrar el camino que me llevará al logro de mis metas?

_____

_____

_____

_____

19 DE ENERO

No permitiré que los "y si" y los "si, pero" detengan a los cambios que yo decida poner en práctica. Las creencias limitantes son esos pensamientos y opiniones, los cuales yo asumo como verdades, pero que me afectan de manera negativa porque impiden que siga hacia delante.

¿Cuáles son las principales afirmaciones del tipo "y si" or "si, pero" que están obstaculizando mi progreso en el trabajo, en casa, o en donde sea? ¿Cómo les haré frente la próxima vez que se me presenten?

20 DE ENERO

Una visión realista de mis capacidades es aquello que disparará el nacimiento de una confianza optimista dirigida a mí mismo y a lo que puedo hacer. Mis capacidades son las destrezas y habilidades destacadas por medio de las cuales aporto al mundo como persona, estudiante y profesional.

¿Cuáles son algunas de esas habilidades o destrezas que no dejo que salgan a la luz? ¿Por qué las oculto de mí y del mundo? ¿Qué puedo hacer para usarlas más?

21 DE ENERO

Me conviene muchísimo escuchar más y formular mejores preguntas. Las preguntas dan vida al conocimiento, y ambas enriquecen mi vida. Cuando haga todas estas cosas, seré distinto y mejor.

¿En qué momento de mi vida frené mi curiosidad y mis ganas de saber más sobre algo, solo por cómo me sentía, o por cómo pensé que otros pensarían? ¿Qué pude haber hecho diferente para evitar que otros influyeran en mi aprendizaje?

_____

_____

_____

_____

22 DE ENERO

Es esencial que mis relaciones interpersonales se basen en la colaboración. Mi vida está compuesta por las contribuciones de muchos, no solo por las mías. Cuando acepte este hecho de corazón, descubriré nuevos aspectos de mí mismo de los que antes no tenía conocimiento.

¿Quiénes son esas personas de mi vida que, al mismo tiempo, me desafían y me empujan a crecer? ¿Qué es lo que puedo hacer para expresarles más mi aprecio?

_____

_____

_____

_____

23 DE ENERO

Mi experiencia de vida incluye el disfrute y la realización personal. En las cosas que hago y aprendo, en lo que amo hacer, es donde reside mi disfrute. La calidad de la persona en la que estoy convirtiéndome y mis aportaciones al mundo; esta es mi realización personal.

¿Existe equilibrio en mi visión del disfrute y la realización personal? ¿Hacia qué lado me inclino más? ¿Por qué es así?

24 DE ENERO

Soy responsable de cualquier meta que logre o no logre alcanzar en esta vida. Me haré responsable y celebraré mis victorias cuando gane, y abrazaré los aprendizajes cuando pierda. La negación no tiene cabida en mi vida.

¿Cuándo fue que no asumí la responsabilidad, de una manera u otra, de algo que tuvo un impacto significativo en mi vida? ¿Qué aprendí de esta situación?

25 DE ENERO

No permitiré que los eventos que ocurren a mi alrededor se hagan con el control de lo que sucede en mi vida. Mi entorno no define, controla ni dicta quién soy. Asumo la responsabilidad de todas aquellas cosas que dependan de mí, de sus resultados y sus consecuencias.

¿Existen aspectos o puntos negativos a los que todavía doy entrada en mi vida, apesar que ellos solo dificultan mi vida? ¿Cuáles son? ¿Qué puedo hacer para asumir más responsabilidad por ellos?

_____

_____

_____

_____

26 DE ENERO

El poder reside en mi interior. Aprenderé a acceder a ese poder para volverme alguien más intencionado, más comprometido, ¡para inspirarme a la acción!

¿Cuándo fue la última vez que me inspiré por mí mismo? ¿Cuál sería el curso de acción a seguir si quiero hacer uso de mi poder para inspirarme con más frecuencia?

_____

_____

_____

_____

27 DE ENERO

Cuando me desafíe a mí mismo, no lo haré solo por hacerlo. Lo haré con un propósito en mente y aprovecharé mis capacidades para potenciar mis respuestas a los retos.

¿He estado poniéndome a prueba de la manera incorrecta? ¿De qué manera puedo ajustar mis retos para que sigan siendo desafíos, pero objetivos y certeros?

28 DE ENERO

Vivir una vida con propósito es una elección que yo escojo y escogeré cada día. Haré de esta elección mi fuente de energía, mi brújula, y mi decisión para moldear mi vida. Vivir una vida con propósito consiste en encaminarse en dirección a una gran meta que se alinea con mis valores y pasiones, y que me hace feliz.

Si me cuestiono en serio, ¿de verdad puedo decir que comienzo mis días mentalizándome para el éxito? Específicamente hablando, ¿con qué acciones me saboteo a mí mismo para no tener éxito? ¿Cómo puedo mejorar estos aspectos y enfocarme en lograr que mi mañana sea como el trampolín de mi día?

29 DE ENERO

El mejor modo con el cual puedo lograr mis metas y alcanzar mis sueños, es por medio del compromiso con mis convicciones, mis acciones y mis decisiones. Lograré lo que me proponga si cada día me aferro a eso que me he comprometido.

Si tuviera que resumir las convicciones centrales de mi vida, ¿cuáles serían? ¿Con cuál convicción, o convicciones, y aunque debiera de hacerlo, no he podido comprometerme del todo? ¿Cómo puedo solucionarlo?

_____

_____

_____

_____

30 DE ENERO

El mundo está plagado de limitaciones. Por tal razón, yo no las impondré en mí mismo; en su lugar, por mí y por mis seres queridos, elegiré ver al máximo el potencial que yo tengo. Mis limitaciones no serán el punto de quiebre objetivo; serán simplemente lo que yo designe como el límite.

Cuando leo la palabra "limitación", ¿qué es lo que viene a mi mente? ¿Cómo puedo mejorarlo y dejarlo atrás?

_____

_____

_____

_____

Desde el momento que despierto hasta el momento en el que duermo, la vida se basa en mis decisiones. Me esforzaré por tomar las mejores decisiones para mi crecimiento, y las usaré para transformarme en la mejor versión de mí. Cada decisión cuenta para mi avance o para mi retroceso.

Si soy honesto y pienso en una situación específica de mi vida en la que los resultados no me satisfacen, ¿soy capaz de distinguir si mis decisiones están ayudando o perjudicando mi crecimiento? ¿A qué se debe que sea así, y cómo puedo cambiarlo para mejor?

Cada mes tendré un espacio de repaso para todas las inspiraciones que encontré en dicho mes, para estudiar mis progresos, o para analizar aquellas áreas que aún requieran cambios. En este espacio puedo comentar mis pensamientos, resumir los eventos del mes o listar qué efecto tuvieron esos momentos diarios conmigo mismo.

Como siempre, aspiro a ser lo mejor de lo mejor, y por eso los momentos de reflexión pueden convertirse en los espacios más inspiradores.

Reflexión mensual

¿Qué significó este último mes para mí?

_____

_____

_____

_____

¿Cuál inspiración diaria fue la que más resonó conmigo?

_____

_____

_____

_____

Este mes aprendí...

_____

_____

_____

_____

Capítulo Dos: Febrero

Febrero puede ser un mes que no lleva la misma notoriedad que enero, ya que este mes se lleva toda la atención debido a los nuevos propósitos para el año nuevo. Febrero tiene algo así como mala fama; además de ser el mes más corto del año, algunas personas no saben deletrearlo y terminan frustradas. Por todo esto, continuar avanzando con el mismo impulso de enero puede volverse complicado.

Tiene que haber alguna otra forma de disfrutar de un mes tan fantástico como solo febrero puede serlo, ¿verdad?

Me sacudo esa vieja actitud y me aventuro en este próximo mes con una mentalidad positiva y con la convicción de que febrero puede ser aún más increíble que enero. Cuento con espacio para reflexionar, y también, conforme vaya progresando, tendré oportunidades para recordar y analizar hacia dónde quiero ir. Es el mes de San Valentín, Julio César y el esquivo día bisiesto.

Continúo con mi mentalidad abierta a las posibilidades y las nuevas perspectivas, para que así cada mes se transforme en una oportunidad para volverme mejor de lo que ya era.

01 DE FEBRERO

Mantendré presente mi mentalidad de vivir con un propósito, recordando que las cosas en mi vida suceden para mi, y no en mi contra. Lo primero me llevará por un camino de crecimiento profundo, aprendizaje y sanación. Y lo segundo me conducirá por el sendero de la victimización y el martirio.

¿Qué situación reciente pude haberla afrontado como que haya sucedio para mi, y por qué no tome ninguna acción al respecto? ¿Cuáles acciones puedo llevar a cabo para que, a la próxima, ante algún problema o reto, yo lo afronte como que este sucediendo para mi (y no en mi contra)?

_____

_____

_____

_____

02 DE FEBRERO

Las elecciones son la piedra angular de lo que me mantiene en pie. En mi humanidad reside la libertad y la responsabilidad que conlleva ese tipo de elección. Me esforzaré cada día en apreciar totalmente ese hecho. Hacer una elección no solo es elegir una de las opciones disponibles; también consiste en crear nuevas alternativas.

¿Cuándo fue la última vez que permití que una de mis elecciones se viera influida por algo más que el sentido de mi propia responsabilidad? ¿Cuál fue el resultado, y cómo es que actuaría ahora?

_____

_____

_____

_____

03 DE FEBRERO

La vida no solo gira en torno a mí; a mi alrededor existe un mundo rico en perspectivas diferentes y válidas. Saber apreciarlo y aprovecharlo para mi crecimiento es parte importante de mi proceso. Puedo ser fiel a mis convicciones, y al mismo tiempo, aprender de las perspectivas de vida de otros.

Siendo honesto, ¿soy lo suficientemente abierto como para aprender de otros? Si no es así, ¿qué es lo que puedo hacer para corregirlo, y comenzar a abrirme a la experiencia y sabiduría de los demás?

04 DE FEBRERO

Mi aprendizaje es mi responsabilidad. Yo debo aprovechar las oportunidades de aprendizaje, mientras que me mantengo íntegro y auténtico a mi mismo. El aprendizaje me llevará a la adaptación, y me permitirá sobrevivir y prosperar en esta nueva era.

¿Qué es eso a lo que puedo abrirme para aprender dentro de las siguientes semanas? ¿Hay algo a lo que esté considerando abrirme y aprender a largo plazo? ¿En qué me beneficiaría aprenderlo?

05 DE FEBRERO

El estar dispuesto a asumir la responsabilidad es una de las características más importantes del cambio. Hacerme responsable achica la distancia entre mis intenciones y las acciones que efectúo. Si no me hago responsable, no desarrollaré mi potencial al máximo.

¿En qué área de mi vida necesito ser más responsable? ¿Con cuáles acciones puedo comenzar hoy para iniciar ese proceso?

_____

_____

_____

_____

06 DE FEBRERO

No permitiré que las situaciones dicten cuáles serán las elecciones que tomaré. En su lugar, tomaré la iniciativa y actuaré para pavimentar mi camino con decisiones basadas en lo que sea mejor para mí y para mi futuro.

En el trabajo y en el hogar, ¿cuál es un ejemplo de un momento cuando una situación controlo como yo reaccioné? ¿He cambiado desde aquella ocasión? Si no lo he hecho, ¿Cómo puedo iniciar con esta automejora?

_____

_____

_____

_____

07 DE FEBRERO

Entre más me familiarice con el entendimiento de mi propósito y misión en esta tierra, más plena será mi vida. Mi propósito es como mi brújula guía. Me esforzaré en aprender y evolucionar, para así lograr que toda experiencia vivida sea tan satisfactoria como sea posible.

En este momento, ¿cuál creo que es mi propósito de vida? Tomando en cuenta las siguientes semanas, ¿qué es lo que puedo hacer para entender más cual es mi propósito?

_____

_____

_____

_____

_____

08 DE FEBRERO

En la vida, allí donde enfoco mi atención es donde experimento un mayor progreso y crecimiento. Me esforzaré en practicar un equilibrio dentro del ámbito de mi trabajo, mi hogar y mis relaciones interpersonales, y extenderé así a dichas áreas los efectos de mi crecimiento para que mi vida florezca.

¿Existe algún aspecto de mi vida al que le preste más atención que a otros? ¿Por qué? ¿Hay algo que pueda hacer para alcanzar un mejor balance? ¿Qué sería, y cómo puedo comenzar?

_____

_____

_____

_____

_____

09 DE FEBRERO

La curiosidad no tiene por qué ser un aspecto negativo de mi persona. Mi curiosidad puede ser esa fuerza que guíe mi atención, mis deseos por explorar, los riesgos que estoy dispuesto a correr y el conocimiento al que doy la bienvenida. Aprenderé a alimentar mi curiosidad con mis experiencias, y de allí, a mi proceso y crecimiento.

La percepción que tengo de mi curiosidad, ¿es positiva o negativa? ¿Qué es lo que puedo hacer para utilizar mi curiosidad de una buena manera y que sea de mi beneficio?

_____

_____

_____

_____

10 DE FEBRERO

Mi nivel de consciencia sobre mí mismo y sobre el mundo que me rodea son elementos fundamentales para el desarrollo de la persona que soy y seré. Vivir de manera consciente me permite expandir mis experiencias, actuar de manera más certera y confiar en que el camino me lleva en la dirección correcta.

¿Soy una persona abierta al mundo, o mi nivel de consciencia se encuentra más enfocado a mi experiencia individual? ¿Cómo puedo expandirme y desarrollarme de una manera más equilibrada?

_____

_____

_____

_____

11 DE FEBRERO

Las experiencias de aquellos que me rodean no solo son válidas, también son excelentes medios para aprender acerca de las perspectivas de otros. En lugar de dejar que mi experiencia los perciba como un obstáculo, continuaré aprendiendo de sus consejos, conocimientos y trasfondos. Aprender de los errores y éxitos de otras personas es una estrategia eficaz con la que yo puedo ayudarme a resolver por mi cuenta las cosas.

Sin contar a las personas de mi círculo social más cercano, ¿quién ha sido la persona que más ha influido en mi vida? ¿Por qué y cómo dicha mi persona me ha influenciado?

12 DE FEBRERO

Yo voy a mi ritmo y no permito que el mundo me imponga el suyo. Me daré el tiempo para reflexionar, aceptar y asimilar los aprendizajes. No permitiré que me hagan sentir culpable por querer priorizar mi crecimiento y salud antes que al deber-ser de las expectativas ajenas sobre la vida.

¿Hay algún aspecto de mi vida que pueda tomar con más calma? ¿Hay algo que pueda hacer para ir bajando un poco el ritmo? Si es así, ¿Cómo empiezo?

13 DE FEBRERO

Mi vida no solo consiste en elegir entre lo que está disponible; también significa ponerse nuevas metas, abrir nuevos caminos y vivir nuevas experiencias. Mi vida no es espectacular por lo que hago, lo es por quién soy mientras lo hago. La persona en la que estoy convirtiéndome encontrará alternativas para mí, y no simplemente se contentará con lo que ya está ahí.

Si analizo mi vida, ¿las elecciones que tomé las propuse yo, o solo las escogí porque no había más? ¿Qué plan de acción puedo seguir para volverme más consciente de las elecciones que yo creo para mi?

_____

_____

_____

_____

14 DE FEBRERO

El amor no es un estorbo ni algo que me detenga. Soy quien soy gracias al amor que he recibido, y por eso, hoy puedo retribuir ese amor a los demás. La vida no es solo conocimiento y experiencia, también se trata del amor; para otros, para mí mismo, y para el camino.

¿Existe en mi vida un equilibrio entre el amor a mí mismo y a los demás? Ya sea que necesite amarme más a mí o demostrarles a los demás que los amo y que me importan, ¿cómo puedo demostrar más mi amor?

_____

_____

_____

_____

15 DE FEBRERO

Con mi actitud puedo mejorar o empeorar mi situación. Si mi actitud no está a la altura, la situación no mejorará solo porque sí. A partir de este momento tomaré nota de cuál es mi mentalidad; analizaré cómo afecta a mi actitud e identificaré si me conduce al éxito o al conflicto. Al asumir mi responsabilidad por los resultados, afianzaré mi control sobre mi vida.

¿Puedo recordar alguna situación difícil en la que mi mala actitud haya provocado que no lograra mi cometido? ¿De dónde vino aquella mala actitud? ¿Cómo evito que esto vuelva a ocurrir en el futuro?

16 DE FEBRERO

Ser honesto al respecto de mis fortalezas y dones forma parte de entender quién soy yo. Al darme ánimos y elegir verme con buenos ojos, aprenderé a apreciar a todas las partes que conforman a la persona que soy, y que seré.

¿Cuáles son esas tres o cinco fortalezas o dones que raramente demuestro? ¿Por qué las oculto? ¿Qué puedo hacer para usarlas más para que me ayuden con mi crecimiento?

17 DE FEBRERO

Mis fortalezas no se desarrollan ni acrecientan por sí solas. Es mi responsabilidad identificarlas, perfeccionarlas, valorarlas, y también aprender todo lo que pueda sobre ellas. Entre más conozca mis fortalezas, mejor las aprovecharé durante esta travesía.

¿Cuál de mis fortalezas es la menos trabajada? ¿Por qué es así? ¿Qué es lo que haré para reforzar a esta fortaleza, y después a las demás?

_____

_____

_____

_____

_____

18 DE FEBRERO

Mi propósito no es lo que voy haciendo, sino quién estoy siendo. Entender mi propósito y sentido en la vida no es cosa de un solo instante, es una conversación continua. Aunque cada día yo añado más diálogos, el libreto nunca está terminado del todo. Es necesario que yo sea decidido y dinámico en mi actuar.

¿Alguna vez he abordado el tema de mi sentido y propósito? ¿Por qué sí o por qué no? ¿Cómo puedo incorporarlo a mi vida para que me ayude a mantenerme enfocado en lo que aspiro a lograr?

_____

_____

_____

_____

19 DE FEBRERO

El autocuidado merece ser una prioridad en mi vida. Mi bienestar dependerá de cuánto equilibrio exista entre mi estado mental, físico y emocional. El equilibrio no existirá dentro de mí, a menos que reconozca la importancia de prestarle atención a cada aspecto de mi bienestar.

¿De qué maneras cuido de mí? ¿Siento que mi autocuidado es una de mis prioridades? Si no es así, ¿Por qué? ¿Cómo puedo cambiarlo? Si no hago nada al respecto para resolverlo, ¿cuáles serán las consecuencias a futuro?

20 DE FEBRERO

Las acciones que efectúo durante mi vida se merecen la excelencia. Me dejaré guiar por mi deseo de comprometerme a llevar la excelencia a todo lo que haga. Cada día es una oportunidad de dar lo mejor de mí al mundo. Dar lo mejor de mí significa que jamás dejaré de intentarlo.

En estos momentos, ¿qué papel desempeña la excelencia en mi vida? ¿Me esfuerzo por alcanzarla, o pienso que se trata de algo imposible? ¿Qué acciones podrían ayudarme a cambiar mi actitud, y por ende, mi relación con la excelencia?

21 DE FEBRERO

Aprenderé a confiar en mi intuición, por medio de una regla de tres: escucho mis sensaciones, las comunico a la existencia, y confío en que lleguen a ser. Soy capaz de construir esta fe en mí mismo.

¿Confío en mi propia intuición? ¿Percibo a mi intuición, no como una herramienta, sino como algo a lo que hay que temerle? ¿Cómo le quito poder al miedo para que me deje confiar en mi instinto?

_____

_____

_____

_____

22 DE FEBRERO

La positividad que puedo aportar al mundo no cabe tan solo en un aspecto de mi vida. Me comprometeré a ser un agente del cambio a nivel positivo en todas mis conversaciones y relaciones interpersonales.

Dentro del contexto de mi vida y mis relaciones interpersonales, ¿en qué aspecto la positividad impacta con vital importancia? ¿En dónde, y cómo, querría que tuviera un mayor impacto del que ya tiene?

_____

_____

_____

_____

23 DE FEBRERO

Soy consciente de que mi vida no solo tiene impacto en mí. La influencia que yo pueda ejercer debe ser saludable y positiva. Como comienza conmigo y va desplegándose hacia fuera, es mi responsabilidad ser cuidadoso al ejerce mi influencia.

¿En qué aspectos de mi vida soy alguien influyente? Siendo honesto, ¿mi influencia la llevo a toda su capacidad y la uso para lo productivo y lo positivo? De aquí en adelante, ¿con qué acciones me comprometeré para que así sea?

24 DE FEBRERO

Mis supuestos están ahí para ser cuestionados, y que sea así hace que me sitúe mejor en la realidad. No permitiré que esas suposiciones se conviertan en mi mentalidad; en lugar de eso, seré objetivo y metódico a la hora de poner a prueba la verdad de mis suposiciones.

¿Cuáles son algunos de los supuestos, pasados, presentes y futuros, que no se alinean con las convicciones y valores que voy consolidando? ¿Qué es lo que estoy haciendo, o qué es lo que haré, para seguir derribando los supuestos que aún conservo?

25 DE FEBRERO

Día a día, soy un agente del cambio. Voy lográndolo a través de mi ambición, mis ganas de ser mejor, mi capacidad para el autoarranque y para hacerme cargo de mí. Estos rasgos míos son las herramientas con las que trazaré la ruta hacia mis objetivos.

Además de esos cuatro rasgos anteriormente mencionados, ¿cuáles otras particularidades mías yo consideraría que son buenas herramientas que yo tengo? ¿De qué manera me han beneficiado en el transcurso de los últimos meses?

_____

_____

_____

_____

_____

26 DE FEBRERO

Mi positivismo y optimismo facilitarán que aproveche al máximo cualquier situación en la que me vea envuelto. Si persisto con esas actitudes, estaré encaminándome hacia el éxito y a tener un impacto positivo. El optimismo será mi escudo contra la tristeza y la ansiedad.

Durante el último año, al encontrarme hundido en una situación complicada, ¿cómo fue que mi actitud "positiva y optimista" le dio la vuelta al tablero y me facilitó las cosas? Y, por el contrario, ¿cuándo y cómo dejé pasar la oportunidad de ser positivo y optimista para cambiar una situación? ¿Qué debo hacer para que no vuelva a escapárseme otra vez?

_____

_____

_____

_____

27 DE FEBRERO

Cuando me concedo a mí mismo el tiempo y la libertad para reflexionar sobre las cosas que he aprendido, me abro a nuevas dimensiones de aprendizaje. Cuando me analice, evitaré los juicios, dejaré fuera a la negatividad y comenzaré a trabajar en lo que descubra sobre mí mismo.

¿Me concedo el espacio necesario para reflexionar? Tomando en cuenta mi rutina diaria, ¿cuándo puedo darme más tiempo para estas meditaciones? ¿Qué desventajas podrían derivarse de hacerlo?

28 DE FEBRERO

Cuando descubra nuevas cosas en mí que necesiten de una mejora, me apalancaré de la situación para usarla a mi favor. Todos esos momentos son oportunidades para que yo analice mis opciones, mi estado actual y mi posible curso de acción.

¿Cuál es ese rasgo mío que hace que me porte especialmente duro conmigo mismo? ¿Estoy esforzándome lo suficiente en esa parte de mí? Si no es así, ¿cuál es el plan de acción para remediarlo?

29 DE FEBRERO (AÑO BISIESTO)

Aún con la opinión del mundo en mi contra, en cuanto reconozca cuál es mi ritmo personal de vida, lo usaré en mi beneficio. Bajar la intensidad o tomar un descanso es esencial para recuperarme del ajetreo de mi trabajo y mis responsabilidades. Mi progreso se verá potenciado por esto, y se volverá la razón para volver realidad mis sueños.

Teniendo presente la rareza de este día, ¿hay algún aspecto de mi avance o mi persona al que no esté prestándole la suficiente atención? ¿Cuál será mi plan de acción para que, cuando llegue el próximo año bisiesto, haya logrado efectuar los cambios que necesito?

Reflexión mensual

¿Qué significó este último mes para mí?

¿Cuál inspiración diaria fue la que más resonó conmigo?

Este mes aprendí...

Capítulo Tres: Marzo

Esta travesía entera que hago a través de la inspiración diaria tiene todo que ver con revitalizarme y renovarme a mí mismo. Tratándose del mes de marzo, ¿de casualidad estaba enterado de que marzo, antes, solía ser el primer mes del año—y que lo fue hasta épocas tan tardías como el año de 1750? En lugar de tomar este dato como un mero hecho histórico, lo aplicaré para arrancar un nuevo inicio de año. A enero, y a veces también a diciembre, se lo ve como el mes dedicado a las reflexiones, pero eso de reflexionar es algo que también puedo hacer aquí y ahora.

¿Cuántas veces he vivido el mes de marzo, y he sentido una chispa? Es importante que no dejemos que ninguno de estos momentos caiga en lo rutinario o cotidiano. Si bien el mundo no suele darle a marzo el crédito que se merece, se podría pensar que, habiendo sido nombrado en honor al dios romano de la guerra, al menos vendría bien tenerle un poco más de respeto.

En este periodo en el que la primavera y los nuevos inicios florecen, seguiré construyendo mi camino a lo largo de este mes. Cada día, abrazaré la inspiración y recordaré que los nuevos comienzos pueden ocurrir en cualquier momento.

01 DE MARZO

Ser una persona consciente significa que reconozco tanto lo bueno como lo malo. Usaré mi ser consciente para potenciar mis fortalezas y trabajar en mis debilidades. Reconocer las áreas de mí que necesitan de mejoras no me hace más débil.

¿Cuáles son dos fortalezas y dos debilidades mías? ¿Cómo hago uso de mis fortalezas? ¿Cómo estoy mejorando mis debilidades?

02 DE MARZO

Mi propósito no solo tiene que ver conmigo. La satisfacción viene cuando mi propósito me abarca a mí y va más alla que yo mismo. Mi propósito guarda relación con cómo yo me muestro al mundo, y como yo soy con la gente que me rodea.

A lo largo de este año, ¿cómo he manejado mi propósito, o mi viaje para alcanzarlo, para ayudar a los demás antes que a mí? ¿Qué me impide hacerlo más a menudo?

03 DE MARZO

Estoy aprendiendo a negarme a la necesidad de querer quedar bien aun cuando hacerlo resulta perjudicial para mí. También trabajaré en eliminar la necesidad que querer tener siempre la razón. Estas dos necesidades se interponen en mi camino y lo entorpecen.

¿Qué es más importante para mí; tener la razón o quedar bien? ¿Cuál es la razón que se esconde detrás de mi elección? ¿Cómo puedo actuar para comenzar a cambiarlo?

---

04 DE MARZO

Los dones y las fortalezas que dentro de mí residen son únicos debido a mi experiencia. Si me enfoco en desarrollar mis fortalezas, puedo crecer más rápido que si me enfoco en mejorar mis debilidades. Cada día me comprometeré a hacer uso de ellas para crear una vida con sentido.

¿Cómo podría beneficiarme que yo me comprometa a demostrar más mis fortalezas en mi trabajo o en mi hogar? ¿Qué cosas puedo hacer para que, desde mañana, así sea?

---

05 DE MARZO

Mi propósito es más grande de lo que imagino. No está limitado a una estrategia o a una meta; es una entidad viva y cambiante. Ir en su búsqueda atraerá estrategias y metas con sentido, pero ninguna de ellas dictará cuál es mi propósito. Lo trataré como lo que es; algo fundamental para mi existencia.

¿Cuál será mi propósito de aquí en adelante? ¿Qué beneficios podría traerme la búsqueda de mi propósito? ¿Cuáles serán las consecuencias si no lo encuentro?

06 DE MARZO

Seré más consciente del trato y respuesta que doy a mis emociones. No son mis enemigas, ni tampoco perjudiciales para mi camino. Aprenderé a entender y hacer uso de mis emociones como información positiva. Mis emociones me ayudarán a identificar entre aquello que necesito y aquello que quiero (y lo que no).

¿De qué manera percibo mis emociones? ¿Son algo positivo o negativo? ¿Cómo ha afectado a mi vida esta perspectiva? ¿Es necesario hacer algún cambio? Si es así, ¿qué cambio, y cómo puedo hacer para llevarlo acabo?

07 DE MARZO

Me enfocaré en lo que ocurre ahora. Mi presente es donde puedo cambiar las cosas. Aprenderé de mi pasado y trabajaré para mi futuro—pero viviré en el presente.

¿Yo vivo en el pasado, el presente o el futuro? ¿Por qué vivo de ese modo? ¿Cómo puedo lograr un mayor equilibrio y presencia en el presente?

_____

_____

_____

_____

08 DE MARZO

No existe tal cosa como el momento en el que todo está perdido. Si bien en algunas situaciones puede darse que yo no pueda actuar o cambiar la situación, sí puedo ayudarme a mí mismo y a otros mientras tanto. Que no pueda hacer lo que a mí me gustaría hacer no significa que no pueda mejorar la situación.

Cuando estoy en una situación en la que siento que estoy atado de manos, ¿cómo me hace sentir eso? ¿Me motiva a moverme y tratar de ponerle remedio, aún sabiendo que no lo tiene? ¿Cómo puedo modificar este patrón de conducta?

_____

_____

_____

_____

09 DE MARZO

No puedo controlarlo todo. Acepto que habrá momentos en los que sucedan cosas y yo no tendré ningún control sobre eso. Y aún con que no sea capaz de controlarlo todo, sí que puedo controlar mi reacción a la situación. Eso es poder en sí mismo, y trabajaré para reconocerlo como tal.

Recientemente, ¿hubo alguna situación en la que no tuve el control, pero en la que reaccioné bien? ¿Qué hay de una situación en la que mi reacción dejó mucho que desear? ¿En qué se diferencian las dos situaciones, y cómo puedo hacer que la reacción buena se vuelva la regla?

10 DE MARZO

No asumiré que yo lo estoy haciendo todo bien. Al tomarme el tiempo para analizarme, me aseguraré de prestar atención a lo necesario. Es mi responsabilidad asegurarme de que mi enfoque se encuentra puesto en esas partes esenciales de mi vida que se encuentran bajo mi control. No desperdiciaré más energía en las cosas que no puedo cambiar ni manejar.

¿Qué provoca que me desconcentre? ¿Me analizo lo suficiente, o siquiera me analizo? ¿Qué es lo que puedo hacer para mantener mi atención centrada en donde sea necesario?

11 DE MARZO

Me tomaré en serio mis responsabilidades. En todo lo que haga, me esforzaré por dar lo mejor de mí. Mi inventiva y autenticidad son herramientas que puedo usar para mi beneficio. Cuando permito que las mejores partes de mí mismo trabajen juntas, puedo lograr un cambio real.

¿Puedo decir que en verdad trato de dar lo mejor de mí todo el tiempo? ¿En dónde me ha faltado poner más energía? ¿Puedo cambiar algo al respecto? Si es así, ¿qué es?

---

12 DE MARZO

El autocuidado es vital en mi vida. Cuando no estoy al cien por ciento, corro el riesgo de no ser capaz de rendir a mi máximo. El estado de mi ser y bienestar tienen un efecto en mi mentalidad y mis capacidades. Haré mucho mejor el identificar y aceptar el momento en el que mi autocuidado necesite volverse más una prioridad de mi vida.

¿Cuál es mi forma preferida de autocuidado? ¿Me priorizo lo suficiente? ¿Cuál es ese aspecto de mi vida que no se encuentra al cien por ciento porque no cuidé de mí mismo? ¿Cómo puedo mejorar en la práctica de mi autocuidado con respecto a dicho aspecto?

---

13 DE MARZO

Mis metas, sean grandes o pequeñas, dependen de mi motivación para volverse realidades. Usaré a mis metas pequeñas como ladrillos para construir a las más significativas. Mis metas más pequeñas las mantendré sencillas y alcanzables para que así, cuando las logre, pueda experimentar la motivación que dan las pequeñas victorias.

¿Puedo nombrar dos o tres metas pequeñas que tenga? ¿Qué hay de dos o tres de las grandes? ¿Cómo trabajan en conjunto? ¿Cómo puedo facilitar que sigan desarrollándose en conjunto?

14 DE MARZO

Mis metas están ahí para ayudarme a progresar en mi vida y mi propósito. No existen para darme una razón para quebrarme. Si no logro alguna meta, no significa que yo sea un fracaso. Mi calidad personal no se mide por la cantidad de metas que me pongo y alcanzo. Mi calidad como persona se mide en la diferencia que hay entre la persona que era, y la que soy ahora. Si he mejorado, entonces he tenido éxito.

¿Le doy demasiada importancia al éxito de cumplir con mis metas? ¿Cómo puedo cambiar mi enfoque al panorama principal, en lugar de seguir obsesionándome con los detalles?

15 DE MARZO

Para crecer como persona, debo aprender a hacer a un lado lo que pienso que sé, y reemplazarlo con lo que realmente sé. Aferrarme a viejas maneras de pensar solo me apartará del nuevo conocimiento que busco.

Cuando debo tomar una decisión, ¿cómo distingo si una de mis opiniones no está basada en la realidad? ¿Cómo podría identificar y evitar estos sesgos inconscientes?

16 DE MARZO

Puedo iniciar el proceso de acrecentar la sabiduría en mi vida cuando yo quiera. El primer paso ya está dado cuando siento que tengo más preguntas que respuestas. En ocasiones, las preguntas son más importantes que las respuestas.

¿Qué papel desempeña la curiosidad en mi vida? ¿Beneficia a mi desarrollo o lo obstaculiza? ¿Qué puedo hacer para crear curiosidad que sea positiva?

17 DE MARZO

El lugar en el que me encuentro ahora no es el fin del viaje. Soy un proyecto en evolución, y no me juzgo a mí mismo por serlo. Continuaré adaptándome y evolucionando conforme progrese en mi vida, jamás seré un producto terminado.

¿Cómo me hace sentir el hecho de que la vida sea un proceso y no una carrera con una meta al final? ¿Mi actitud actual al respecto de ello me beneficia o me perjudica? Si me perjudica, ¿qué plan de acción puedo adoptar para cambiarlo?

18 DE MARZO

Si bien es crucial que escuche las autocríticas constructivas, no permitiré que mi crítico interior me domine. Seré consciente de la diferencia entre un consejo y un juicio, en especial cuando se trate de mí. No aceptaré convertirme en juez, jurado ni verdugo de mi mismo.

¿Cuál fue una situación en la que me porté demasiado duro conmigo mismo? En aquella ocasión, ¿qué tan intensa fue la presión que ejerció mi crítico interior? ¿Cómo pondré manos a la obra para que, a la próxima, la presión sea menor?

19 DE MARZO

Cuando tengo claros mis compromisos y responsabilidades, eso me ayuda mucho a la hora de dejarme guiar por mi propósito. Comprendo que vivir de manera intencionada irá dando dirección a mi vida. Vivir intencionadamente se trata de establecer límites saludables.

En relación con mi "propósito", ¿cuáles son las responsabilidades y compromisos que me impulsan hacia mis metas? ¿Qué tipo de límites puedo establecer para proteger de fuerzas externas a esas responsabilidades y compromisos?

20 DE MARZO

Mis puntos fuertes pueden impulsar mis responsabilidades. Cuando aprenda a combinarlas a las dos y las deje trabajar a cada una por la otra, estaré contribuyendo a mi bienestar integral. Me enfocaré en hacer lo correcto, de la manera correcta.

¿Cuáles son esas fortalezas mías que podrían ayudarme con el cumplimiento de mis responsabilidades? ¿Qué es lo que puedo hacer para que, en el futuro, me sea más sencillo identificarlas?

21 DE MARZO

No me propondré metas solo porque sí. Las metas con sentido que vaya alcanzando por medio de una vida con intención me llevarán a sentirme satisfecho de haber progresado. Si mis metas tienen sentido, es más probable que pueda permanecer motivado y que logre mis objetivos.

¿Hay alguna meta en mi vida que yo me haya propuesto "solo porque sí"? ¿Tengo alguna que pueda reformular para darle más sentido, u otras que necesite descartar? ¿Cuáles, si las hay, ya no resuenan conmigo? ¿A qué se debe?

22 DE MARZO

En mi vida, muchas cosas son positivas y contribuyen a mi crecimiento; el miedo y la ansiedad no entran en esa categoría. Tampoco aportan al aprendizaje productivo y únicamente serán un lastre. No me dejaré limitar por lo que es negativo, pues elegiré un mejor enfoque para mi atención.

¿Qué papel representa el miedo y la ansiedad en mi vida? ¿Les dejo entrar y les disfrazo como "amor con mano dura"? ¿Con qué plan de acción puedo vencerlos en un futuro?

23 DE MARZO

Mi consciencia es una de las herramientas principales para poder encontrar y comprender mi propósito. Cuando reconozca y acepte ese hecho por medio de la reflexión y la autoindagación, mejor preparado estaré para una camino de excelencia, y para un sentido más profundo en mi trabajo y vida.

Siendo honesto, ¿cuánto me esfuerzo por ser una persona consciente? ¿Qué me impide enfocarme y esforzarme más en ello?

_____

_____

_____

_____

_____

24 DE MARZO

Así como tengo el poder de decidir, también debo asumir la responsabilidad que conlleva tal libertad. La elección podrá haber sido mía, pero eso no quita que habrá consecuencias derivadas de ello—éstas pueden ser tanto positivas como negativas. Mientras más vaya resonando con este hecho, más prudentes serán mis elecciones.

Tratándose de mis elecciones, ¿suelo conocer de antemano cuáles serán los resultados? ¿Qué tan a menudo decido hacer tal o cual cosa sin que me importen las consecuencias? ¿Qué curso de acción seguiré para inyectar calidad a mis elecciones, y qué es lo que las ayudará a que sean mejores?

_____

_____

_____

_____

25 DE MARZO

En un mundo caótico, mis principios son aquello que puede anclarme a la realidad y a mi camino. Al resonar con esas verdades, me encamino hacia una vida más saludable y lograda. Mis principios son las reglas morales o convicciones que influirán en mis acciones y me ayudarán a distinguir entre lo que es correcto y lo que no lo es.

¿Puedo nombrar a tres de los principios más importantes que sustentan mi toma de decisiones? Recientemente, ¿cómo ha contribuido cada uno a mi bienestar? ¿De qué modo y con qué acciones puedo honrar mejor a mis principios?

6 DE MARZO

Acepto y reconozco la enorme importancia de prestarle atención a los detalles. Al permitirme notar con gran cuidado aquellos detalles que usualmente pasan desapercibidos en mi vida, soy capaz de alcanzar un entendimiento más amplio y profundo sobre mi realidad. Mi realidad se compone por la suma de los detalles que percibo y no percibo.

Dentro del contexto de las problemáticas a las que me enfrento, ¿qué calificación le pondría a mi atención al detalle? ¿Hay aspectos que podría mejorar? Si aún no he comenzado a actuar, ¿por qué no? ¿Cómo empezaré?

27 DE MARZO

Si bien comprendo que no todas las situaciones podrán arreglarse, a la vez también reconozco que cada situación es manejable. Cuando me tome el tiempo para analizar posibles soluciones, seré capaz de trabajar en el problema y no solo asumiré que es imposible arreglarlo.

¿Puedo asegurar que honro verdaderamente la positividad de las anteriores frases cuando experimento un momento difícil en mi vida? Si no es así, ¿a qué se debe? ¿Hay algo que me gustaría modificar? Si es así, ¿cuáles serían los primeros pasos de mi plan de acción?

---

28 DE MARZO

Cada día, me esforzaré en la creación de un mundo en el que haya libertad y seguridad para cada persona. No lo haré únicamente a través de mis acciones, también lo haré por medio de mi mentalidad y mi actitud—incluso durante los momentos difíciles.

Este año, ¿de qué maneras he contribuido a la creación de un mundo así? ¿Qué curso de acción tomaré durante los próximos meses para iniciar o continuar con este impulso positivo?

29 DE MARZO

Soy consciente de que en la vida surgirán desafíos. Estoy dispuesto a correr riesgos y a tomar decisiones difíciles para superar esos retos. Aun cuando no sea fácil, me esforzaré por salir victorioso de las pruebas y dificultades.

¿Cuándo fue la última vez que debí tomar una decisión realmente difícil para obtener un resultado positivo de la situación? ¿Qué aprendí de mi mismo? ¿Qué es lo que puedo hacer para continuar siendo capaz de tomar decisiones difíciles?

30 DE MARZO

La vida no puede verse con un único punto de vista. Cuando pueda mirar desde distintas perspectivas, seré capaz de introducir sabiduría a las cuestiones y problemas que me enfrenten. Allí, gracias a las numerosas perspectivas a las que puedo acceder, sintonizo mejor a mi sabiduría.

¿Qué acciones puedo llevar a cabo para asegurarme de que tomo en cuenta los otros puntos de vista, además del mío? ¿De qué modo puedo inspirarme a mí mismo con el compromiso de darle un giro a mi perspectiva, y encontrar nuevas posibilidades para la reflexión y la acción?

31 DE MARZO

Las cosas buenas de la vida no suceden por casualidad. Para que en mi vida yo obtenga resultados consistentes, positivos y productivos, debo hacer bien tres cosas; prepararme, actuar, y dar seguimiento. Cuando me comprometa a seguir todos y cada uno de estos pasos, estaré fraguando un éxito continuo.

De las tres palabras antes mencionadas—prepararme, actuar, dar seguimiento—¿en cuál destaco, y en cuál necesito esforzarme más? ¿De qué manera puedo reforzar mis puntos débiles?

_____

_____

_____

_____

_____

Reflexión mensual

¿Qué significó este último mes para mí?

_____

_____

_____

_____

¿Cuál inspiración diaria fue la que más resonó conmigo?

_____

_____

_____

_____

Este mes aprendí...

_____

_____

_____

_____

Capítulo Cuatro: Abril

¡Como en este mes se celebran tantas festividades, vivirlo se parece a cuando abres una caja llena de bocadillos y sorpresas variadas! Tienes un día dedicado a las bromas, otro a celebrar a los árboles, y por supuesto que no puedes olvidarte de la Pascua, y tampoco del día de la Tierra. Sí, suena ambicioso eso de festejar tantas festividades en un solo mes, ¡pero abril puede con todo e incluso lo hace de un modo elegante!

Con tanta cosa ocurriendo en abril, podría parecer tarea complicada encontrar una temática, pero verás, con cada día y evento especial, se destaca un ideal que es fundamental: el *amor*. Para comprobarlo basta con analizar el nombre de abril. Fue nombrado así en honor de la diosa Afrodita, a quien también se la consideraba como la manifestación encarnada del amor. La primavera trae consigo un sentimiento de revitalización y renovación, pero también hace que "respires" un nuevo amor a lo largo del mes. Y si a eso le agregas que la gema de nacimiento de este mes es el diamante, queda clarísimo que abril es el mes que pone al amor por encima de todo.

¡Usemos cada día como una nueva oportunidad para aprender más acerca del amor, y de cómo podemos demostrarlo a nosotros mismos, y a los demás!

01 DE ABRIL

Soy consciente del impacto que tienen mis acciones en mi travesía, ya sea tanto para impulsarla como para estancarla. Cuando vivo con actitud consciente, mis acciones, además de demostrar mis verdaderas intenciones, me preparan para el éxito.

Dentro del contexto de mi vida cotidiana, ¿cómo puedo volverme más consciente del efecto que tienen mis acciones? Durante esta última semana, ¿de qué modo, a través de mis acciones, me he preparado para el éxito? ¿Qué hay de las acciones con las que lo he evitado?

02 DE ABRIL

Ser flexible, en especial durante los momentos difíciles, facilitará que yo prospere sin que importe lo que ocurra a mi alrededor. Yo puedo permanecer funcional en una gran variedad de contextos y situaciones. Entre más capacidad de adaptación tenga, más me superaré.

¿Me considero una persona flexible? ¿De qué manera mi flexibilidad, o la falta de ella, ayuda o perjudica mi vida? ¿Qué acciones puedo llevar a cabo para ayudarme a mí mismo a volverme una persona flexible?

03 DE ABRIL

Permitiré que sean mis valores y mis principios quienes dicten el curso de mis acciones, en lugar de ceder ese poder a influencias externas. Cuando mis convicciones y mi ética resuenan con la realidad y la verdad, puedo confiar en que me llevarán en la dirección correcta. Aprender a ser coherente a la hora de escoger mis principios es una de las lecciones más valiosas que puedo aprender.

¿Qué tan a menudo dejo que otras personas influyan en mi actuar? ¿A qué se debe? ¿Cuál será el plan de acción, para ahora y para el futuro, con el cual enfocaré mi atención a mi interior?

04 DE ABRIL

Vivir una vida plena significa que comprendo que el aprendizaje no termina. Haré un esfuerzo para asegurarme de que mi deseo de aprendizaje nunca disminuya, y para siempre encontrar maneras con las que pueda mejorar mi forma de aprender. Dedicarme a mi autoeducación demuestra fe en mí mismo.

Siendo honesto, ¿soy una persona abierta al aprendizaje de cosas nuevas sobre mí mismo y sobre la vida? ¿Qué podría estar influyendo en que yo no retome estos segmentos de aprendizaje? ¿Con qué plan de acción puedo prepararme, mes con mes, a aprender una cosa nueva sobre el camino que me llevará cumplir las metas que me he propuesto, y a tener la clase de vida que deseo?

05 DE ABRIL

Como las oportunidades en la vida no se me entregarán en bandeja de plata, yo tendré bien abiertos los ojos para identificarlas. Soy consciente de que, al abrir los ojos para poder identificar esas oportunidades, mi crecimiento personal también se verá incrementado de manera exponencial. El primer paso hacia una vida más prometedora está en volverme más consciente del entorno que me rodea.

¿Cuándo fue la última vez que me percaté de una oportunidad que pasó desapercibida a los demás? ¿A cuál de mis rasgos le debo ese acierto? ¿Qué es lo puedo hacer, o qué es lo que estoy haciendo, para seguir con esa tendencia?

06 DE ABRIL

Los cometidos que yo me proponga cumplir, así como los que contribuyan a mi autosuperación, son necesarios, importantes, y merecen mi atención. Me esforzaré en ser disciplinado, de manera que pueda seguir cumpliendo con mis cometidos y desarrollándome como persona.

¿Cuento con alguna herramienta que me ayude a la realización de mis deberes—un horario, una agenda, tal vez un planificador, etc.? ¿De qué modo puedo mejorar la manera de abordar el cumplimiento de mis deberes pendientes?

07 DE ABRIL

En mi vida, cada experiencia es una nueva oportunidad de aprendizaje y crecimiento. Yo disfrutaré y gozaré de lo positivo, pero también ganaré sabiduría y perspectiva de los resultados negativos. Cuando todo lo percibo como una oportunidad para mi aprendizaje, puedo superar cualquier situación. Como en la vida hay altas y bajas, resulta valioso ser capaz de ver el valor en todas las cosas.

Sobre las reacciones ante los resultados de las situaciones en mi vida, ¿tiendo a llevarlas al extremo? Por ejemplo, ¿me pongo muy feliz si gano, o me entristezco mucho si pierdo? Si es así, ¿de qué manera puedo lograr el equilibrio?

08 DE ABRIL

Mi vida trata de alcanzar el equilibrio. Me sentiré a salvo y encontraré descanso en mi zona de confort, pero no viviré allí toda la vida. Me impulsaré a mí mismo, asumiré riesgos, y aprenderé a crecer. Cuando pueda vivir en un equilibrio entre mi zona de confort y las situaciones que me plantean retos, aprenderé de qué se trata el verdadero crecimiento personal.

Siendo honesto, ¿diría que soy la clase de persona que rara vez abandona su zona de confort? ¿Me beneficiaría ampliar más mis horizontes? En primer lugar, ¿conozco e identifico la razón que se esconde detrás de mi desequilibrio?

09 DE ABRIL

No es necesario que yo lo sepa todo sobre todo para progresar en la vida. Hay valor en ser capaz de seguir progresando pese a no tener todas las respuestas. No permitiré que mi curiosidad se vuelva un lastre. Aceptar que habrá cosas que desconozca es una lección importante de mi aprendizaje.

¿Dejo que mi curiosidad se entrometa en el camino de mi progreso? Si es así, ¿a qué se debe que mi necesidad por saber sea tan significativa para mi? ¿Qué acciones puedo llevar a cabo en mi presente para ayudarme a aceptar el hecho de que existen cosas que yo no sé?

10 DE ABRIL

Desafiaré las suposiciones presentes en mi vida y aprovecharé diferentes perspectivas para fomentar nuevas ideas. Cuando no dependo de lo que pienso que sé, y en su lugar descubro cuál es la realidad, me vuelvo capaz de apreciar posibilidades que antes no veía. No vivir regido únicamente bajo mi propia opinión es una práctica saludable. Esto quiere decir que encuentro valiosos los pensamientos de otras personas, y que busco entender por qué piensan de esa manera.

¿Me resulta difícil modificar mis supuestos? Si es así, ¿por qué me parece más importante tener yo la razón que dejar que sea la verdad quien la tenga? ¿Qué es lo que haré para luchar contra mis supuestos?

11 DE ABRIL

Aceptar y reconocer la realidad contribuirá enormemente a la creación de una auténtica perspectiva de vida. Me concederé el crédito por lo que haya realizado, asumiré las cosas que no, y seguiré aprendiendo y siendo consciente del potencial de mi futuro. No me beneficia nada quedarme suspendido en la espiral de mis pensamientos.

De las tres etapas (lo que he hecho, lo que no he hecho, y lo que el futuro puede llegar a ser), ¿cuál me ha dado más problemas y en cuál me he sentido más cómodo? ¿Me siento satisfecho con esta dinámica? De no ser así, ¿cómo pondré manos a la obra para cambiarlo?

_____

_____

_____

_____

12 DE ABRIL

Soy consciente de que el proceso de aprendizaje no siempre es sencillo. Debo estar dispuesto a que me desafíen y me saquen de mi comodidad para poder aprender sobre algunos de los aspectos de la vida. Al aceptar y reconocer como cierta esta verdad, estaré mejor preparado para el momento en el que me toque aprender esas lecciones.

¿Cuáles son algunas de las lecciones más desafiantes que he aprendido? ¿Mis sentimientos a lo largo del proceso de aprendizaje han influido en si me preparo positiva o negativamente para más lecciones futuras? ¿De qué manera podría mejorar mi actitud al respecto?

_____

_____

_____

_____

13 DE ABRIL

Reconozco que el equilibrio es necesario, y que por eso debo encontrar valor en la virtud del optimismo, y en la capacidad para ver tal cual la realidad. Al ir diseñando mi perspectiva en torno a estas dos ideas, me proveo de un enfoque sólido y equilibrado para la vida.

¿Soy optimista, realista, o pesimista? ¿Qué acciones estoy llevando a cabo para eliminar de mi vida el pesimismo? ¿Cómo estoy enfocándome en ser optimista y realista? ¿De qué manera puedo comenzar un equilibrio entre el optimismo y el realismo?

14 DE ABRIL

No me quedaré atrapado en mitad de una situación por sentirme frustrado. En lugar de eso, me volveré ágil y versátil a medida que las circunstancias cambien. Cuando pueda adaptarme a las exigencias, incluso aunque cambien, seré capaz de eliminar el estrés innecesario y ganaré en crecimiento personal con cada experiencia.

Cuando las exigencias en una situación sufren un cambio, ¿reacciono de manera correcta? ¿Por qué sí, por qué no? ¿Qué es lo que puedo hacer para reaccionar de una manera más productiva cuando vuelva a encontrarme en la misma situación?

15 DE ABRIL

Mis hábitos no tienen más poder que yo. La capacidad para cambiar y mejorar se encuentra completamente a mi alcance. Mi nivel de consciencia y mi fuerza me ayudarán a identificar lo que es bueno para mí.

¿Qué hábitos míos he querido cambiar, pero no he podido? ¿Por qué no lo he hecho? ¿Cuál es mi plan para que esos cambios se vuelvan una realidad en mi vida?

_____

_____

_____

_____

16 DE ABRIL

Las relaciones interpersonales de mi vida son un regalo. Aun en los tiempos difíciles, siempre tendré presente que la gente que amo, y me ama, son quienes importan.

Hasta en las relaciones más cercanas pueden surgir dificultades. En mi vida, ¿cuál de mis relaciones está necesitada de atención? Dentro del próximo mes, ¿qué es lo que puedo hacer para mejorar esa relación?

_____

_____

_____

_____

17 DE ABRIL

Lo que yo puedo lograr y la fe que tengo en mí mismo van de la mano. Cualesquiera que sean los desafíos y dificultades que se me presenten, si yo confío en verdad en mi capacidad para superarlos, entonces así será. Creer en mí mismo es un acto de poder.

Durante el último mes, ¿en qué situación me tuve fe y eso hizo que las cosas marcharan a mi favor? ¿Qué hay de alguna otra situación en la que no haya creído en mí? ¿Cómo comenzaré a introducir cambios positivos para mejorar mi autovalía, y elevaré el concepto que tengo de mí mismo?

18 DE ABRIL

Ser exitoso en mi trabajo se relaciona con la noción de equilibrio. Que pueda entregarme a mi profesión significa que también comprendo la importancia de saber dedicarle tiempo a mi vida personal. Cuidar de mí mismo terminará beneficiándome en todos los aspectos de mi vida—incluyendo a mi vida profesional.

Si pudiera efectuar tres cambios en mi situación laboral, ¿cuáles serían? ¿Qué me impide volver realidad esos cambios? ¿Qué diferencia puedo hacer en el próximo mes? ¿Y en seis meses? ¿Y a largo plazo?

19 DE ABRIL

Merezco enfocarme en mí y ponerme atención. Al concederle al autocuidado un espacio en mi rutina diaria, me demuestro a mí mismo que cuidarme es importante. Cada vez que priorizo mi bienestar invito al equilibrio a mi vida, y eso lo mejora todo en general.

Durante la última semana, ¿de qué manera me he enfocado en prestarle atención a mi autocuidado? Si ha ocurrido lo contrario, ¿en qué momento he hecho a un lado mi propio bienestar? En cada una de las situaciones anteriores, ¿por qué actué de la forma en la que lo hice? ¿Qué es lo que esto dice sobre el concepto en el que tengo a mi autocuidado?

20 DE ABRIL

En ocasiones, las pequeñas cosas de la vida suelen ser las más memorables. Solo porque algo no sea típicamente considerado como "productivo", no significa que no enriquezca mi vida. Las diversiones como los pasatiempos, además de resultar beneficiosos, me permiten ganar diferentes puntos de vista.

¿Hay algún aspecto de mi vida que pudiera considerarse como "una diversión" o un pasatiempo? Si no hay ninguno, ¿por qué es así? ¿De qué manera puedo ayudarme a mí mismo a empezar a considerar estas actividades "por diversión", como un elemento positivo para mi vida?

21 DE ABRIL

Como mi tiempo es valioso, la forma en la que lo invierto es en verdad relevante. Ya sea que lo invierta trabajando o jugando mucho, tener el control sobre los asuntos en los que invierto mi tiempo significa que tengo el control sobre el equilibrio que existe en mi vida. Que yo pueda administrar mi propio tiempo es una bendición que me beneficiará a corto y largo plazo.

¿Qué significa para mí el término "administración del tiempo"? ¿De qué modo puedo mejorar mi relación con esta práctica—incluso aunque considere que es uno de mis puntos fuertes? Dentro de las próximas semanas, ¿cuáles serían dos maneras en las que yo podría lograr mejoras reales y tangibles en mi administración del tiempo?

22 DE ABRIL

Aprenderé sobre las diversas maneras en las que puedo amar a los que me rodean, y a mí mismo. Como la manera en la que expreso amor a aquellos que están en mi vida tiene sentido, haré un esfuerzo por amar a la gente como personas individuales y no simplemente como un colectivo.

Sin decir "te quiero", ¿de qué otras formas le expreso mi amor a otros? ¿Me siento cómodo expresando mi amor a las personas de mi vida, y no solo dentro del contexto de las relaciones amorosas? ¿Qué puedo llevar a cabo para que expresarlo se vuelva más natural para mí?

23 DE ABRIL

Ser feliz es un hecho que es igual de importante que cualquier otra cosa en mi vida. Sentir felicidad es algo que no solo merezco, sino que debo de esforzarme por incorporar en mis situaciones diarias. Cuando únicamente elijo ver lo negativo, esto es lo que manifiesto en mi vida, y es por eso que debo elegir lo positivo y a mi felicidad.

¿En dónde, a comparación de otros aspectos de mi vida, priorizo mi felicidad? ¿De qué modo he antepuesto otras cosas a mi felicidad, y cuáles fueron las consecuencias? ¿Fueron positivas o negativas? ¿Cómo puedo hacer que lo negativo se vuelva positivo?

24 DE ABRIL

La vida otorga muchas oportunidades para ser valiente ante las dificultades. Aun cuando sienta miedo, en mi interior guardo valentía y coraje. Que tenga miedo o me sienta inquieto no quiere decir que no pueda ser valiente—sin el miedo no existiría la valentía.

¿Considero que soy "una persona valiente"? ¿Por qué sí o por qué no? ¿Cómo podría hacer para no desanimarme y recordarme a mí mismo que solo a partir del miedo podré ser valiente?

25 DE ABRIL

Que algo no haya sucedido cuando yo lo quería no quiere decir que no vaya a suceder nunca. Todo ocurrirá a mi tiempo; entre más acepte yo este hecho, menos energía gastaré. Mantenerse atento, enfocado y motivado va más allá de necesitar que una cosa ocurra en este preciso instante—puede significar que tengo que esperar.

Cuando siento que mi vida no va al paso que yo quisiera, ¿cómo suelo reaccionar? Sobre esa reacción, ¿puedo decir que es productiva y que me conviene? Si no es así, ¿cómo puedo volverme más paciente en mis reacciones para no sabotear mi progreso?

26 DE ABRIL

El equilibrio no solo se limita al trabajo y la vida personal, también se trata de darle importancia a mis sueños y metas. Incluso aunque los perciba como lejanos e inalcanzables, si creo que soy capaz de materializarlos y que valen la pena, un día lo lograré. Solo cuando me permito ser libre para soñar, todo eso adquiere potencial para volverse realidad.

Sean a largo o corto plazo, ¿cuáles son tres de los sueños que actualmente persigo o haya perseguido en el pasado? Dentro de los próximos seis meses, ¿qué acciones puedo llevar a cabo para impulsar mi progreso en alguna de estas metas?

27 DE ABRIL

Aun con el ajetreo y bullicio de la vida, no puedo olvidarme de que el cuidado de mi cuerpo es igual de importante que mi autocuidado emocional. Entre más respeto y atención positiva le ponga a mi cuerpo, más claro quedará para mí mismo que soy una persona valiosa. La manera en la que me trato a mí mismo—por dentro y por fuera—influye en la percepción que tengo de mí.

Aunque, al igual que todos, yo diga que quiero cuidar mejor de mí, ¿le presto suficiente atención a mi salud? ¿Por qué sí, por qué no? ¿Qué plan de acción puedo tomar para que, hoy y mañana, mi salud se vuelva una prioridad?

_____

_____

_____

_____

28 DE ABRIL

Mis palabras podrán tener peso, pero son mis acciones las que reflejarán quién soy en realidad. Acepto y reconozco que los hábitos que yo vaya conservando o modificando contribuirán a moldear a la persona que seré—y que también lo hacen con la persona que soy ahora.

¿Cuáles son tres de los hábitos que han contribuido positivamente a mi vida? ¿Qué debo hacer para mantener vigentes estos hábitos? ¿Qué aprendizaje derivado de mis hábitos positivos puedo aplicar para mejorar los negativos?

_____

_____

_____

_____

29 DE ABRIL

No estoy solo en esta vida; las personas a las que elijo amar y de las que decida rodearme tienen un impacto en mí. Al reconocer el valor que tengo, también estaré preparándome para eliminar cualquier influencia negativa que me haya estado afectando.

¿Estoy comunicando de manera adecuada mi aprecio a quien influye positivamente en mi vida? ¿Qué es lo que puedo hacer para demostrarles mejor lo mucho que los aprecio? ¿Cómo puedo asegurarme de que pueda ser más expresivo en el futuro?

30 DE ABRIL

No estoy mentalizándome para ser exitoso cuando permito que las dudas nublen mis expectativas sobre mí mismo y la vida. Entre más fe me tenga a mí mismo, menos dudas me asaltarán y podré darle la bienvenida al progreso, la productividad y el éxito. Lanzarme con convicción y fe es lo que marca toda la diferencia.

La mayoría de mis proyectos, ¿los inicio sintiéndome confiado, o más bien dudoso? ¿Por qué es así? ¿Cómo es que traeré el cambio a esta parte de mi vida para así poder lograr lo que yo me proponga?

Reflexión mensual

¿Qué significó este último mes para mí?

_____

_____

_____

_____

¿Cuál inspiración diaria fue la que más resonó conmigo?

_____

_____

_____

_____

Este mes aprendí...

_____

_____

_____

_____

Capítulo Cinco: Mayo

Desde los tiempos del inicio del calendario romano, al mes de mayo se le conoce como un mes de renovación y nuevos comienzos. La nieve se ha derretido, los animales van despertando de su hibernación y el primer día de la primavera está ansioso por volver a brillar. ¿Sabes qué es lo mejor de mayo? Que puede significar muchísimas cosas maravillosas para cada uno de nosotros—y eso te incluye a ti.

¿Qué aspectos de tu vida necesitan un repaso? ¿Hay alguna limpieza emocional primaveral que necesites hacer? ¿Qué hay de los sueños y metas que aún no se vuelven realidad? Cuando hablamos de revitalizarnos y renovarnos, estas dos acciones no tienen por qué limitarse a uno o dos aspectos de tu vida. Así que, manteniendo ese ánimo de nuevos comienzos y oportunidades para las nuevas cosas, da un paso adelante sabiendo que estás preparado para aprender sobre ti mismo y el rumbo de tu vida.

01 DE MAYO

Vivir una vida de manera positiva y plena significa que soy consciente de que el aprendizaje nunca termina. Entre más abierto sea yo a las lecciones de vida—sean nuevas lecciones, o ajustes a mi antiguo pensamiento—mejor será mi vida en general. Me esforzaré por evitar el estancamiento, y en lugar de siempre me esforzaré por aprender más.

Del uno al diez, ¿qué calificación me pondría en términos de apertura a los nuevos aprendizajes? ¿Cómo puedo mantenerme receptivo a las nuevas lecciones, en especial cuando provengan de otros? Si suelo estar un poco a la defensiva en esas situaciones, ¿de qué manera puedo volverme más receptivo y abierto a aquello que pueda necesitar aprender?

---

02 DE MAYO

Aceptaré el papel que desempeña la creatividad en mi vida. No se trata solo de crear, sino de encontrar esas cosas pequeñas y especiales que importan. Al reconocer la importancia de ser creativo y de impulsar esa parte de mí mismo, estaré perfeccionando el equilibrio de mi bienestar tanto para hoy, como para el futuro.

¿Cuáles son las formas en las que me siento cómodo expresándome de una manera creativa? Si no me siento cómodo, ¿cómo comienzo a modificar mi perspectiva al respecto? ¿Qué es lo que puedo hacer hoy, para que en el futuro pueda considerar la importancia de la creatividad?

---

03 DE MAYO

Mi percepción del tiempo es importante. Si constantemente me siento estresado y soy pesimista al respecto de mi tiempo—sobre si cuento con mucho o con poco—entonces no estoy preparando el terreno para un crecimiento positivo. Sin embargo, si abordo la cuestión del tiempo con paciencia y una actitud positiva, mi relación con la administración del tiempo puede volverse más saludable.

¿Mi percepción del tiempo es positiva o negativa? ¿Por qué es así? Ya sea que mi relación con el tiempo sea buena o mala, ¿cómo puedo comenzar a mejorarla en el futuro?

04 DE MAYO

El autocontrol es un aspecto muy importante en mi vida, pero también necesito ser capaz de distinguir cuándo debo ejercerlo. Ejercer el autocontrol es muy diferente a no querer correr riesgos solo por protegerme. Al fortalecer mi nivel de consciencia, también me aseguro de que sé distinguir cuando ya tuve demasiado de algo bueno, y cuándo es momento de ser audaz para probar algo nuevo y ariesgado.

¿Qué papel desempeña el autocontrol en mi vida? ¿Ha habido momentos en los que no he actuado y lo he justificado como autocontrol? ¿Qué es lo que puedo hacer para ir trabajando en aprender a distinguir la diferencia?

05 DE MAYO

El amor no es para limitarse a una sola área de mi vida. Puedo fomentar el amor dentro del contexto de mi hogar, de mi profesión, de mis amistades, y en las actividades que yo disfruto hacer. Trabajaré en ser una persona más abierta y daré la bienvenida al amor en todos los aspectos de mi vida. El amor me vuelve más fuerte.

¿En cuáles áreas de mi vida, si las hay, no me siento cómodo dejando entrar al amor? ¿Por qué siento que necesito hacer esta separación? ¿Cómo puedo derribar las paredes que he construido para mantener al amor fuera de estas áreas? ¿Cuál podría ser el beneficio de llevarlo a cabo?

06 DE MAYO

Así como es importante encontrar propósito en mi trabajo, es igual de importante para mí que encuentre aquellas actividades que puedan brindarme felicidad de una forma distinta. Ya sea que se trate de un pasatiempo o de cualquier otra diversión, no hay nada de egoísta en querer experimentar para mí mismo la felicidad de estas actividades. Recordaré concederles un espacio en mi vida a estas actividades de felicidad.

¿Cómo puedo hacer que la felicidad se vuelva una prioridad en mi vida? ¿Cuál es mi relación actual con la experiencia de la felicidad? ¿Cómo puedo mejorar dicha relación?

07 DE MAYO

Tener éxito en la vida no solo consiste en mantener una actitud positiva, también se trata de ser lo suficientemente valiente como para superar todo lo que se presente en mi camino. No permitiré que el miedo me impida lograr aquello que me he propuesto hacer, y será mi coraje el que me ayudará a sortear estos desafíos.

Cuando la vida se vuelve desafiante, ¿cómo respondo normalmente? ¿Cuál fue aquella situación en la que fui valiente a pesar de lo que sucedía? ¿De qué manera puedo aprender de esto en beneficio de mis futuras reacciones?

08 DE MAYO

Creo que las metas que tengo valen la pena. Soy consciente de que habrá momentos en los que querré apresurarme, pero cuando eso suceda, recordaré que la paciencia trae calma al caos. Cuando sea capaz de tener una actitud paciente en mi vida diaria, estaré preparándome a mí mismo para el éxito continuo.

En mi vida, ¿cuáles son algunos de esos detonantes que hacen que quiera apresurarme? En esas situaciones, ¿por qué se me dificulta ser paciente? ¿Cómo es que traeré un cambio positivo a ese proceso?

09 DE MAYO

Es posible que la realidad y mis sueños coexistan. El cielo puede ser mi límite y puedo soñar en grande, pero también, a la vez, puedo ser pragmático y estar anclado a la tierra. Siendo consciente de mis fortalezas y mis debilidades, así como teniendo fe en mí mismo, puedo ser auténtico sin hacer menos a mis sueños.

¿Cuáles son dos de mis metas que considero como realistas, y dos que creo que son más un sueño? ¿Qué plan de acción puedo llevar a cabo para trabajar al mismo tiempo en mis metas realistas y en mis sueños, y aún así no perder el enfoque en ninguna de las dos?

_____

_____

_____

_____

10 DE MAYO

Mi salud mental no es algo que deba ocultar ni por lo que tenga qué disculparme. Recordaré que no tengo que adecuar quién soy por alguien más, y en ello incluyo a mi salud mental. Cuando soy capaz de priorizarme a mí mismo en lugar de priorizar aquello otros piensan que debo priorizar, me encamino en verdad a vivir una vida saludable.

¿Qué aspectos de mi salud mental he ocultado o por cuáles me he disculpado en el pasado? ¿Qué es lo que puedo hacer para que, en un futuro, yo reaccione de manera saludable para poner mi bienestar en primer lugar?

_____

_____

_____

11 DE MAYO

Cuando elijo no pasar por alto los hábitos negativos y en su lugar confrontarlos, estoy percibiendo a mi futuro yo como una prioridad. Aunque sería más fácil pasar por alto esas cosas, cuando asumo la responsabilidad y mejoro esas áreas, estoy decretando que mi crecimiento personal es algo que vale la pena.

¿Cuáles son algunos de mis malos hábitos que elijo pasar por alto porque es más sencillo ignorarlos? A nivel personal, ¿por qué elijo ignorarlos? ¿Qué puedo seguir en el futuro para mejorarlos, y así elegir al crecimiento personal por encima de la salida fácil?

12 DE MAYO

Una de las mejores estrategias con las que cuento para desarrollarme como persona es rodearme de personas que puedan enseñarme algo. Aunque pueda ser más fácil interactuar con personas que no me hagan crecer, no debo dejar pasar la oportunidad de desarrollarme más solo porque hacer lo contrario me suponga menos esfuerzo. Las relaciones interpersonales en mi vida tienen un efecto en mí; precisamente porque puedo controlar quién está en ella, es que puedo decidir si ese efecto es positivo o negativo, o si estaré abierto o no a aprender nuevas enseñanzas.

¿Qué es lo que me ha llevado a escoger las relaciones que más influencia tienen en mí? Sus efectos, ¿han sido positivos o negativos? ¿Qué es lo que puedo hacer para que, en un futuro, las relaciones que elija entablar me impulsen hacia un crecimiento positivo?

13 DE MAYO

La confianza, si se habla dentro del contexto de las personas de las que me rodeo, es como un círculo. Es importante que crea en mí mismo, pero con relación a las personas que amo, es igual de importante que yo crea en ellas. Comprender esto me ayudará a que tenga presente que no estoy solo y a que no olvide la importancia de en quién deposito mi confianza. Si creo en quienes amo, ellos también creerán en mí.

¿Se me facilita, o complica, aceptar el hecho de que otros crean en mí? ¿Qué hay de creer en mí mismo? Ya sea que me resulte sencillo o complicado, ¿por qué me siento de ese modo en relación conmigo mismo y con los demás?

14 DE MAYO

No hay nada de malo en mostrarse profundamente interesado en muchísimos pasatiempos, así como tampoco hay nada de malo en dedicarme completamente a mi profesión. La clave para mantener el equilibrio está en reconocer cuándo es necesario actuar para corregir el desequilibrio. Cuando soy capaz de confrontar con sinceridad estos desbalances y doy seguimiento a su corrección en lugar de ignorar el problema, es cuando puedo alcanzar un mejor entendimiento sobre lo que significa el verdadero equilibrio para la vida.

Dentro del contexto de mi profesión, en mi vida, ¿qué problemáticas me han surgido al respecto del equilibrio? ¿Estos desequilibrios han tenido más que ver con asuntos personales, o con el trabajo? Partiendo de mi presente, ¿qué es lo que tengo hacer para comenzar a crear un equilibrio, o para mantenerlo?

15 DE MAYO

En mi vida no puedo cuidar apropiadamente de mí mismo y sentirme al mismo tiempo culpable por ello. Cuando me tomo el tiempo para descansar y atender mis necesidades físicas y emocionales, lo hago para darme fuerzas para seguir adelante. La culpa solo consigue invalidar el descanso por el cual estoy esforzándome, por lo que, al eliminarla y aceptar que el autocuidado es una prioridad en mi vida, estoy eligiendo un futuro saludable para mí y para mis seres queridos.

Al respecto del tiempo que he decidido dedicar o asignar como exclusivo para mi autocuidado, ¿qué papel ha desempeñado la culpa? ¿Qué es lo que puedo hacer para evitar que la culpa decida por mí? ¿Cuáles acciones me ayudarán a tener presente que debo priorizar mi autocuidado?

16 DE MAYO

Comenzaré a percibir a la creatividad como un valioso activo para mi vida. Cuando me permito ser creativo, estoy concediéndole importancia a la manera en la que me expreso a mí mismo. Al hacerlo expandiré mi cociente emocional y allanaré el camino para más desarrollo creativo. La creatividad es una herramienta con la que puedo incrementar la confianza que le tengo a mi potencial.

¿Cuáles son algunos de los medios a través de los cuales puedo sentirme cómodo expresándome creativamente? Si hacerlo me resulta complicado, ¿por qué? ¿Qué plan de acción puedo llevar a cabo para incorporar a la creatividad en mi rutina cotidiana?

17 DE MAYO

Mis prioridades son esas guías que me orientan al respecto de lo que me importa en la vida. Comprenderlo me permitirá dirigir mi atención y recursos a lo que en verdad tiene significado para mí. Cuando me vuelvo más consciente de este proceso, soy capaz de identificar aquellos aspectos de mi vida que necesitan de una redirección de prioridades.

Siendo honesto, ¿algunas veces dejo que mis prioridades las maneje el piloto automático? ¿Qué es lo que puedo hacer para prestarle más atención a mis prioridades? ¿Cómo puedo mantener un enfoque sistemático en mis prioridades?

---

18 DE MAYO

Es importante que yo comprenda que mi punto de vista no anula los sentimientos de los demás; yo puedo pensar que ellos están al tanto de mi sentir sobre sus personas, pero esa no es la realidad. Al ser consciente de este hecho, yo comenzaré a identificar si acaso les comunico a los demás lo que ellos significan para mí, o si sigo dando por hecho que ellos lo saben. Al reconocer y aceptar cuán diferente es saber que amo a alguien, y cuán diferente en realidad es decírselo, estaré dispuesto a ponerme en sus zapatos para ver desde su punto de vista en lugar de hacerlo únicamente desde el mío.

¿Consideraría que mi nivel de comodidad a la hora de expresar mis emociones es uno de mis puntos fuertes, o que es más bien una debilidad? ¿Qué es lo que puedo hacer, o qué estoy haciendo, para ayudarme a sentirme más cómodo con mi expresión emocional?

---

19 DE MAYO

La búsqueda de la felicidad y de las cosas que disfruto es una tarea para toda la vida. Al mantenerme consciente y receptivo a nuevos intereses y placeres, iré encontrando la felicidad e iré aprendiendo lecciones de las situaciones más inesperadas.

Durante los últimos meses, ¿cuáles son algunos de esos nuevos intereses o pasatiempos que se han vuelto parte de mi vida? ¿Cómo mantengo mi apertura a nuevos placeres en el futuro? Si no estoy siendo receptivo, ¿qué curso de acción puedo seguir para comenzar a abrirme?

20 DE MAYO

El coraje es una característica mía de la que puedo hacer uso en un sinnúmero de situaciones en mi vida. Entre más acepte y reconozca este hecho, en más aspectos de mi vida seré capaz de ser valeroso. El coraje es necesario para amar, para cambiar, para probar nuevas cosas, para tomar decisiones difíciles; que yo comprenda esto fortalecerá mi ser de una manera integral.

¿En qué aspecto de mi vida soy o he demostrado ser valeroso? ¿Cuáles son esas áreas en las que siento que podría ser más valiente? ¿Qué acciones podría implementar para estimular mi valentía?

21 DE MAYO

Como hay personas en mi vida que me han elevado a una posición de liderazgo, el impacto de mis acciones es significativo. Al entender mi papel y la influencia que ejerzo puedo aprender más acerca de mí mismo, y también sobre el estilo de liderazgo que practico y que ansío alcanzar.

¿Cuáles son algunas de las características que contribuyen a formar al tipo de líder que soy? ¿Qué hay de aquellas que no contribuyen? ¿Cómo puedo realzar mis buenas cualidades? ¿De qué manera describiría mi estilo de liderazgo?

---

22 DE MAYO

Entre más apresure los procesos que ocurran en mi vida, menos cosas podré aprender durante el camino. La paciencia no solo consiste en saber esperar, también es trabajar para que, cuando llegue el momento de alcanzar mi meta, yo pueda estar preparado para aceptarla, comprenderla y disfrutarla al máximo.

¿Cuáles son las razones principales por las que tiendo a apresurar las cosas? ¿De qué manera puedo comenzar a bajar el ritmo y apreciar el proceso? El hacerlo, ¿qué efecto positivo traería a mi vida?

---

23 DE MAYO

Si bien es normal que suceda, un aspecto crucial a tener en cuenta en relación con cumplir mis sueños es que yo no pierda las esperanzas cuando las cosas no resulten como yo pensaba. Si bien es determinante que yo me ponga metas, es mi capacidad para soñar la que me permite creer que yo puedo lograr aún más de lo que parece lógico o posible.

¿Cuál es ese sueño por cumplir en el que estoy trabajando actualmente? ¿Qué aspectos contribuyen a que yo siga creyendo en ese sueño? ¿De qué modo puedo aplicarlos a otros sueños o metas en mi vida?

24 DE MAYO

Tener integridad significa que las reglas éticas a las que me sujeto en lo público y lo privado son siempre las mismas. Que la coherencia esté presente en todas las facetas de mi vida origina un equilibrio saludable. Lograr ser coherente se trata de amar no solo a los resultados que espero obtener, sino también al proceso.

¿Cuáles son esas áreas de mi vida en las que no soy tan coherente como me gustaría ser? ¿Por qué es así? ¿De qué manera puedo lograr esa coherencia y encontrar ese equilibrio?

25 DE MAYO

Tiene más sentido para mí que yo sea honesto conmigo mismo acerca de los ajustes que necesito hacer en mi vida, que sacarle la vuelta a los cambios difíciles. Entre más transparente decida ser conmigo mismo, mejor encaminado iré a lograr cambios positivos y productivos para mi vida.

¿En qué facetas de mi vida suelo quitarle importancia a las cosas para evitar dificultades? ¿Cómo puedo priorizar ser más honesto en esas facetas? ¿Cómo puedo pasar a la acción hoy mismo para hacerlo?

---

26 DE MAYO

Aun cuando en ocasiones el trabajo que me espera parezca un muro infranqueable, soy capaz de superarlo y tener éxito. Al enfrentar las situaciones de una por una, al ir de un día a la vez y paso a paso, adquiero los hábitos que me ayudarán en un futuro. Poco a poco iré mejorando mi confianza y mis resultados.

En estos momentos de mi vida, ¿cuál es esa área específica en la que la carga de trabajo es un punto de quiebre? ¿Qué plan de acción puedo llevar a cabo, que no haya aplicado nunca, para ayudarme a tener éxito esta vez?

---

27 DE MAYO

La profundidad de mis relaciones interpersonales es directamente proporcional al esfuerzo y tiempo que les dedico. Las relaciones más importantes e íntimas que yo entable las tendré con las personas a las que yo decida darles mi tiempo y atención. Al percibir mi tiempo como valioso, seré más selectivo y exigente en mis relaciones cercanas. No todas las relaciones están hechas para durar.

¿A cuáles de mis relaciones interpersonales necesito prestarles más atención? ¿Por qué no he estado haciéndolo? ¿Qué curso de acción seguiré con esa relación en particular, y en general para mis demás relaciones?

28 DE MAYO

La fe es un aspecto a tener en cuenta para mi vida. Sea fe en mí mismo, en algo más grande que yo, fe en la gente de mi vida, o simplemente una fe en lo positivo, debo considerarla. Al concederme la libertad de creer, incorporo mis fortalezas para alcanzar a mi propósito.

¿En qué creo? En la vida, ¿en qué deposito mi fe? ¿En qué situaciones mi fe representa un papel complicado? ¿Cómo puedo mantenerme receptivo, y seguir creyendo en un futuro?

29 DE MAYO

Las habilidades, capacidades, experiencia y ética de trabajo que yo aplico en mi profesión tienen valor; la combinación de ellas me vuelve único. No hay nada de malo en desear un ambiente de trabajo saludable en el que esos rasgos míos sean reconocidos y apreciados. Yo merezco sentirme necesario.

En el pasado, ¿cuál fue una situación relacionada con el trabajo en la que prioricé mi valor, por ejemplo, como cuando debí defender mi labor y mis contribuciones? ¿De qué modo puedo usar esa experiencia del pasado para inspirarme a hacer lo mismo en el futuro?

_____

_____

_____

_____

30 DE MAYO

Estar al tanto sobre lo que significa el autocuidado quiere decir que hago lo que sea necesario por mi salud en general, y no solo aquellas acciones que deseo. Me comprometeré a prestar atención a todos los elementos que se requieran para cuidar de mi bienestar. Entre más dedicación le ponga a la creación de este equilibrio, más instintivo se volverá hacerlo para mí.

¿Cuáles son dos de los aspectos relacionados con el autocuidado que no me gustan? Enfocándome en esos dos aspectos, ¿qué es lo que puedo comenzar a hacer hoy mismo para dejar de sacarles la vuelta en un futuro? ¿Qué beneficios me traerá que deje de evitarlos?

_____

_____

_____

_____

Puedo contrarrestar sentirme frustrado por algún aspecto de mi vida con una actitud de apertura al aprendizaje. Cuando dejo apuntar con el reflector a mis problemas e invierto esa energía en aprender a manejar la situación, es cuando encuentro soluciones. Entre menos frustración haya en mi vida, más amplia y abierta será mi perspectiva a las oportunidades de crecimiento.

Recientemente, ¿en qué situación elegí aprender en lugar de hundirme en la frustración? ¿Qué es eso que usualmente provoca que me enfoque en lo que me frustra? ¿Cuáles son algunas de las maneras en las que puedo prepararme para tener éxito en estas situaciones?

Reflexión mensual

¿Qué significó este último mes para mí?

_____

_____

_____

_____

¿Cuál inspiración diaria fue la que más resonó conmigo?

_____

_____

_____

_____

Este mes aprendí...

_____

_____

_____

_____

Capítulo Seis: Junio

Junio es un mes único porque solía caer en mitad de un período estacional más largo conocido como Liao. El cambio en el clima que marcaba el final de la primavera traía consigo temperaturas más altas. Liao simbolizaba la *calma*, pues, durante el día, como el sol permanecía más tiempo en el cielo y los días se volvían más largos, el trabajo podía repartirse de manera más uniforme y por eso la jornada se volvía menos estresante que de costumbre.

Con este ánimo, este mes puede tomarse como el momento para propiciar cambios. Apóyate en el sentimiento de *Liao* y disfruta de la paz, y cuando no puedas encontrarla, sé tú quien la origine.

01 DE JUNIO

Que algo no sea considerado como valioso por los demás no significa que yo tenga que demeritar el valor que tiene para mí. Esto aplica para mis sentimientos, pero también para las maneras en las que yo decido disfrutar. La experiencia de mi disfrute es una parte importante de mi autocuidado en la que no deben de influir las opiniones ajenas.

¿Cuáles son algunos de mis antiguos placeres en los que he dejado que la opinión ajena se entrometa? Desde ese entonces, ¿cómo he crecido positivamente en ese aspecto? Actualmente, ¿cuáles pasatiempos forman parte de mis actividades de disfrute?

02 DE JUNIO

Entre más valioso considere a mi tiempo, más cuidadoso seré con el modo en el que lo invierto. Al ser consciente de los aspectos que no merecen el tiempo que les dedico, puedo generar un equilibrio más positivo en mi horario.

Siendo honesto, ¿cuáles son al menos dos aspectos a los que estoy dedicando más tiempo del que debería? ¿Cuál es la consecuencia de dedicar mi tiempo a lo que no vale la pena en lugar de invertirlo en lo que sí? ¿De qué manera puedo corregir esto?

03 DE JUNIO

El éxito puede convertirse en un importante aspecto de mi vida sin llegar a robarme la satisfacción de recorrer el camino. Ser capaz de amar el proceso de la vida, no solo los destinos a los que me conduce, contribuirá en un futuro a que yo pueda apreciar de una mejor manera a la meta en sí misma. El éxito no solo consiste en los resultados, también se trata del camino.

En el pasado, ¿darme el tiempo de valorar la vida ha sido una prioridad para mí? ¿Hoy cómo soy diferente a mi yo del pasado? ¿De qué modo puedo ir comenzando a apreciar más mi proceso?

04 DE JUNIO

La vida se trata enteramente de tomar decisiones y mi felicidad merece ser considerada a la hora de hacerlo. Si bien en ocasiones se requiere de hacer algunos sacrificios, no es necesario que yo ignore por completo el impacto que mis elecciones tendrán en mi felicidad. Ser feliz no tiene que ser un factor determinante para mis acciones, pero sí debería de tomarlo en cuenta.

¿Suelo tomar en cuenta mi felicidad a la hora de tomar decisiones? ¿Cómo esta perspectiva me ha impactado, ya que positiva o negativamente? De aquí en adelante, ¿qué acciones puedo llevar a cabo para mejorar en este aspecto?

05 DE JUNIO

No siempre es fácil tomar decisiones que tienen mucho peso, hay que tener coraje para hacerlo. Comenzaré a darme más crédito durante las situaciones desafiantes de la vida en las que demuestre valentía, en lugar de simplemente tomarlo como algo que yo espero de mí. La autoafirmación y el reconocimiento a mí mismo me ayudarán a colocar los sólidos cimientos sobre los que construiré mi seguridad y mi autoestima.

Durante el último mes, ¿cuál fue una decisión difícil que tuve que tomar? ¿De qué manera fui valiente en lugar de quedarme con los brazos cruzados? ¿Qué enseñanza para el futuro puedo aprender de esa experiencia?

_____

_____

_____

_____

06 DE JUNIO

Las personas que yo considere como ejemplos a seguir deberían de serlo por una razón. Deberé ser consciente del efecto que otros tienen en mí, y eso incluye a quienes percibo como líderes. Mi respeto es algo que debe ganarse, y eso también se aplica a las personas que son figuras de autoridad en mi vida.

¿Soy perspicaz a la hora de analizar a las personas de mi vida que percibo como líderes? ¿Por qué sí o por qué no? ¿De qué modo puedo ser cauteloso y emplear mi experiencia al momento de elegir quién me influirá en un futuro?

_____

_____

_____

_____

07 DE JUNIO

Las mejores cosas en la vida ocurren cuando estoy dispuesto a ser paciente y dejo que sucedan a su debido tiempo. La paciencia trae consigo sabiduría, y entre más cómodo me sienta con esa virtud, mejor podré apreciar mis ganancias en la vida.

¿Soy una persona paciente, sí o no? ¿Qué acciones podrían ayudarme a fortalecer mi paciencia? ¿Cuál es un detonante particular de mi impaciencia, y cómo puedo empezar a trabajarlo hoy mismo?

08 DE JUNIO

Ser realista es importante, pero también lo es aspirar a un sueño imponente. Perseguir un sueño le añade un sentido de inspiración y propósito a mi vida. Jamás dejaré que mi vida se vuelva una vida sin un sueño.

¿Cuáles serían algunos de los puntos más interesantes en mi lista de cosas por hacer antes de morir? ¿Qué acciones estoy llevando a cabo para mantenerlos vigentes? ¿Cuáles son los beneficios que obtengo al dejarme perseguir un sueño que vale la pena?

09 DE JUNIO

Aunque a veces pueda llegar a ser complejo y conflictivo ejercerla, acepto y reconozco que la honestidad es una de las virtudes más esenciales que puedo poseer en la vida. Haré que la honestidad sea una prioridad para mí aun en las situaciones en las que pueda resultar incómoda. A la larga, la verdad vale mucho más que mi comodidad.

En el pasado, ¿por qué he elegido no ser honesto para evitarme conflictos? ¿Qué enseñanzas puedo rescatar de esas experiencias? ¿Qué es lo que me ayudará a que la honestidad siga siendo una prioridad en cualquier circunstancia?

---

10 DE JUNIO

Así como no existe el equilibrio cuando dejo de lado mi salud mental, lo mismo ocurre con mi salud física. Cuando me esfuerzo por mi propio bienestar y mi salud, estoy diciéndome a mí mismo—y a mis inseguridades—que mi mente y mi cuerpo son valiosos. Una mente sana en un cuerpo sano es lo que me hace estar completo.

¿Qué lugar le doy a mi salud física en mis prioridades? ¿Qué es lo que no me deja asumir una postura más activa al respecto? ¿Cuáles son dos maneras en las que puedo comenzar a mejorar mi salud física?

---

11 DE JUNIO

Estoy aprendiendo a asumir la responsabilidad de mi vida, y eso implica que comprendo que mis acciones, o su ausencia, así como las razones que las justifican, contribuyen al mantenimiento de mis hábitos positivos y negativos. Independientemente del peso que yo pueda darles, cuando me vuelvo consciente de la importancia de asumir la responsabilidad de mi vida, soy capaz de comprender la necesidad de analizar cada una de las elecciones que tomo.

¿En qué aspectos de mi vida dejo que mis hábitos asuman un poco el control? ¿Esto me ha causado algún efecto negativo, y si es así, de qué manera? En un futuro, ¿cómo puedo abordar esta cuestión desde un ángulo más productivo?

12 DE JUNIO

La vida no se trata de evitar la interacción o la ayuda de otros. Si bien puede resultar positivo hacer una cosa por mi cuenta, podría perderme de ganar algo al no aceptar la ayuda de las personas en mi vida. Darme permiso para formar parte de una comunidad contribuirá a mi éxito y mi necesidad de los otros no me debilitará porque, así como yo necesito de ellos, ellos necesitan de mí.

¿Cuál es mi sentir al respecto de que otros me ayuden? ¿Por qué siento, o he sentido, que debo hacer las cosas sin ayuda? ¿Cómo puedo mejorar esta cuestión?

13 DE JUNIO

Aunque del apoyo de los demás pueden obtenerse grandes alegrías y beneficios, al final del día lo más importante es que yo crea en mí mismo. Al ir tendiendo los cimientos de una creencia basada en mi capacidad para tener éxito, ningún futuro conflicto y desafío logrará arrebatarme esa fe en mí.

¿Cuál es, o ha sido, la razón de más peso para que se me dificulte creer en mí mismo?

¿Qué es lo que he hecho, o qué es lo que haré, para desarrollar esta confianza en mí?

_____

_____

_____

_____

14 DE JUNIO

No hay nada de malo en ser alguien ambicioso. Está permitido que yo ambicione algo mejor para mí y para mis seres queridos y que me esfuerce por ello, y que mi actuar esté libre de juicios e influencias negativas ajenas. Por medio del enfoque, la determinación y la ambición, estoy dándome la oportunidad de obtener un éxito reiterado.

¿Cuál fue una situación en la que enterré mis ambiciones? ¿Por qué lo hice? Alternadamente, ¿cuándo fue que me dejé llevar por mi ambición? ¿De qué manera puedo aprovechar estas experiencias para construir un mejor curso de acción para el futuro?

_____

_____

_____

_____

15 DE JUNIO

Una faceta significativa de mi autocuidado consiste en saber identificar las áreas de mi vida que generan negatividad. Cuando soy honesto sobre cuáles son esas áreas, por más complicado o conflictivo que me resulte, soy capaz de hacer cambios. Si no elimino primero los aspectos negativos, no podré potenciar al máximo los positivos.

¿Cuáles son dos fuentes de negatividad que me dan problemas? ¿Qué es lo que me ha impedido eliminarlas? ¿Qué acciones concretas debo poner en marcha para superarlas y seguir adelante?

16 DE JUNIO

Más allá de únicamente aprender a identificar los aspectos que precisan de un cambio, yo necesito poner manos a la obra. Como ser consciente de ellos es el primer paso, por eso me comprometo no solo a identificarlos, sino a llevar a cabo las acciones necesarias para la mejora de mi yo del presente y de mi yo del futuro.

¿Cuáles aspectos de mi vida he identificado como necesitados de una mejora, pero todavía no he trabajo en ellos? ¿Por qué razón no he actuado? ¿Cuáles son algunas acciones concretas que podría llevar a cabo para hacerlo?

17 DE JUNIO

Ser una persona empática es un rasgo admirable, pero también necesito reconocer las desventajas de serlo. La verdadera empatía consiste en ver la vida como el otro la vería, y aunque no siempre me resulte sencillo hacerlo, yo haré uso de la empatía para mejorar como persona. Puedo volverme un mejor amigo, compañero y persona si estoy dispuesto a mirar a través de los ojos de la empatía.

¿Cuáles han sido algunas de mis razones para no ser empático en el pasado? ¿Qué puedo hacer para que la empatía se vuelva una prioridad en mi modo de ver las cosas? ¿De qué manera puedo elevar mis niveles de empatía?

_____

_____

_____

_____

18 DE JUNIO

Cuando se trate de mi creatividad, aprenderé a distinguir cuándo necesito tener expectativas y cuándo no. La creatividad sin un fin fuera del disfrute o el encontrar la paz también es valiosa. Entre más resuene yo con este hecho, más provecho sacaré a mis momentos de creatividad.

En general, ¿bajo qué criterios rijo a mi propia creatividad? ¿Cómo puedo moderarme con las expectativas y lograr sentirme satisfecho con mi creatividad?

_____

_____

_____

_____

19 DE JUNIO

Entre más perciba al tiempo como una guía en lugar de un absoluto, menos estrés sentiré al momento de administrarlo. Aún sabiendo que no será una tarea sencilla, cuando viva de manera flexible yo tendré una mejor noción acerca de como mi manejo del tiempo debería ser administrado.

Cuando pienso sobre el tiempo, ¿normalmente cuál suele ser mi reacción? ¿Qué efectos tiene en mi bienestar mi manera de administrar el tiempo? En el futuro, ¿cómo puedo abordar de una manera más sana la cuestión de la administración de mi tiempo?

20 DE JUNIO

Cuando aguardo y espero a que la inspiración venga a mí, no me encamino al éxito. Por otra parte, cuando trabajo para impulsarme y me esfuerzo durante este proceso, además de perseguir el éxito también aprendo a saber manejarlo en un futuro.

¿De qué modo puedo llenarme de inspiración? ¿Cómo puedo aprovechar mi fuerza de impulso para preparame para el trabajo que necesito llevar a cabo para alcanzar el éxito?

21 DE JUNIO

Soy una persona única, y por esa razón, las formas que tengo para sentirme amado son muy mías. Sin embargo, es mi responsabilidad el ser consciente de la forma en la que prefiero recibir amor y también de considerarme lo suficientemente valioso como para expresarlo a otros. Al entenderlo conmigo mismo, puedo aspirar a amar a otros como ellos también lo prefieran.

Sin que tenga por qué ser uno de los "lenguajes del amor", ¿de qué manera prefiero recibirlo? ¿Hay algún modo particular en el que yo también demuestro amor? A futuro, ¿cómo puedo aprovechar la información que aprenda de las dos preguntas anteriores para amarme mejor a mí mismo y a los demás?

22 DE JUNIO

En la vida, la felicidad que yo pueda darme a mí mismo es igual de importante que la felicidad que yo pueda aportar a los demás. Cuando me limito en cualquiera de mis capacidades, de un modo u otro, también estoy coartando mi capacidad para disfrutar de la vida y para apreciar la felicidad en los demás.

¿Qué es más importante para mí; mi propia felicidad o la felicidad ajena? ¿Por qué es así? ¿Qué plan de acción puedo llevar a cabo para traer más equilibrio a mi perspectiva sobre la felicidad?

23 DE JUNIO

Se necesita tener un corazón valeroso para enfrentarse a un desafío, pero se necesita uno aún más valiente para levantarse y volverlo a intentar después de un fracaso. Mientras siga levantándome e intentándolo, nunca habré fracasado en verdad.

¿Cuál es una razón típica por la que "ponerme en pie" me ha resultado difícil en el pasado? ¿Todavía es algo que sigue causándome problemas? ¿Qué acciones me ayudarán a recuperarme con más facilidad en el futuro?

24 DE JUNIO

El éxito se construye a partir de la realidad y de mi capacidad para imaginar. Cuando, tratándose de mi éxito, demerito a mi imaginación, estoy limitándome. Para lograr en verdad lo que me he propuesto, necesito tanto de la realidad como de mi imaginación.

¿Soy más realista o más imaginativo? ¿Por qué? ¿Qué acciones puedo llevar a la práctica para amalgamar de una mejor manera a las dos?

25 DE JUNIO

En mi vida, es crucial que aquellos aspectos en los que yo decida invertir mi lealtad posean significado y sustancia. Mientras permanezca consciente y diligente, la lealtad será un maravilloso atributo en beneficio de mi desarrollo. También trabajaré en seguir siendo consciente de la diferencia entre fidelidad y obligación, y actuaré en consecuencia.

¿A qué le soy fiel y leal en mi vida? ¿Hay algo en mi presente, o lo hubo en el pasado, que no se merezca mi fidelidad? ¿Qué puedo hacer para rectificarlo?

_____

_____

_____

_____

26 DE JUNIO

Yo soy el líder de mi destino. Ser líder no implica únicamente poseer un determinado rasgo, pues se compone de una gran variedad de ellos. Para alcanzar mi máximo potencial como líder necesito ser compasivo, paciente, y estar dispuesto a aprender acerca de todas las cosas que yo aún desconozco.

Al encontrarme en una posición de liderazgo, ¿cómo reacciono cuando es necesario que me adapte o me adecúe a las circunstancias? ¿Qué es lo que necesito hacer para volverme más flexible y aún así seguir siendo un buen líder?

_____

_____

_____

_____

27 DE JUNIO

Entre más ansias sienta de acelerar un proceso, más necesitaré fortalecer mi resolución y mi paciencia. Cuando la obtención de algo en específico es de verdad significativo para mí, vale la pena tomarse el tiempo necesario para hacerlo. Cuando las cosas se pongan difíciles, me recordaré a mí mismo que esas características son las que entran en juego cuando es necesario ser perseverante.

¿De qué manera suelo reaccionar cuando me impaciento por un proceso? ¿De qué modo puedo mejorar mis reacciones en un futuro? ¿Y qué puedo hacer para mejorarlas a corto plazo?

28 DE JUNIO

Cuando me mantengo receptivo a nuevas experiencias y nuevos puntos de vista, origino una oportunidad para el desarrollo en mi visión del mundo. En lugar de solo aceptar y resignarme a un punto de vista aislado, una mente abierta es el mejor modo con el que puedo experimentar al mundo en su totalidad.

¿Cuáles son dos de las formas en las que me considero una persona de mente abierta? ¿Cuáles son dos de los aspectos en los que necesito ser más abierto? ¿De qué manera podría impulsar más mi perspectiva y mentalidad abierta en relación con el mundo y las personas?

29 DE JUNIO

Pase lo que pase, un elemento clave para mi éxito es la humildad. Aunque el hecho de que el éxito pueda subírseme con facilidad a la cabeza es algo que puede ocurrir, yo acepto y reconozco la importancia de actuar con humildad. Puedo sentirme orgulloso de mí mismo sin que ello se vuelva una cualidad negativa.

¿Qué papel desempeña la humildad en mi vida? ¿Cuáles acciones concretas puedo llevar a cabo para monitorear el nivel de humildad en todas mis acciones?

---

30 DE JUNIO

Las diversas metas que yo quiero lograr son valiosas y merecedoras del tiempo y esfuerzo que yo emplee en averiguar si es posible alcanzarlas. Que algo parezca desafiante o fuera de mi alcance no significa que no valga la pena esforzarse por ello.

¿Cuál es ese sueño u objetivo que siempre he querido perseguir, pero que al mismo tiempo he estado reprimiendo? ¿Por cuál razón me he estado conteniendo hasta ahora? ¿Qué acción en particular puedo llevar a cabo para lidiar con eso que me ha estado reteniendo?

Reflexión mensual

¿Qué significó este último mes para mí?

_____

_____

_____

_____

_____

¿Cuál inspiración diaria fue la que más resonó conmigo?

_____

_____

_____

_____

_____

Este mes aprendí...

_____

_____

_____

_____

_____

Capítulo Siete: Julio

Julio obtuvo su nombre de Julio César, una de las figuras políticas más ambiciosas de toda la historia a pesar de su trágica muerte. Si bien esto suele ser una creencia común, el estatus de Julio César no solo se le debe a su poder o a la influencia política que tuvo en vida. Julio César, de hecho, fue la persona que hizo ciertos cambios al calendario romano, los cuales eventualmente lo llevarían a ser ese calendario que hoy usamos en la actualidad. De algún modo, incluso con las impresionantes contribuciones que hizo Julio César al moderno mantenimiento de los registros, la gran mayoría lo sigue recordando por un asunto completamente diferente. ¿Tú como quisieras ser recordado?

Julio es el mes perfecto para recordarnos que cada persona tiene su lugar en la historia; ya sea inventar un calendario cuyo uso dure por espacio de dos mil años o una cosa completamente distinta, mientras se trate de algo personal y con sentido, tu legado podrá tratar de lo que tú quieras que trate.

01 DE JULIO

Puedo elegir entre ser honesto acerca de las acciones que me ayudarán a lograr mis metas o querer que sea algo más lo que me ayude. El camino correcto para alcanzar en verdad el éxito no siempre tiene que ir por dónde yo quiero que me conduzca. Tendré fe en que si soy honesto conmigo mismo, lograré mis metas.

¿Cuál es una acción honesta que me ayudará a acercarme a una de mis metas, pero que todavía no he implementado? ¿Por qué no lo he hecho? ¿De qué manera puedo ponerla en práctica tan pronto como sea posible?

02 DE JULIO

Mi salud implica más que solo a mí mismo. Se trata de cuidar de mí para poder estar disponible para los que amo. Se trata de dar un buen ejemplo a quienes me respetan y admiran, de demostrarme a mí mismo cada día que soy valioso. Al priorizar mi salud, puedo hacer todo esto y más.

De todas las razones antes mencionadas, ¿cuál me motivaría mejor a priorizar mi salud? ¿Cuáles serían dos razones que no hayan sido mencionadas antes que también contribuirían a hacerlo?

03 DE JULIO

Es importante que yo perciba la repetición de una acción como los sólidos cimientos de un futuro hábito. Ya sea en mi trabajo, en mi hogar o al socializar; que me lo recuerde a mí mismo me ayudará a que no perciba la repetición como un acto mundano sino como un recorrido positivo y productivo. Un recorrido que me llevará a un lugar feliz.

¿Cuál es el método más efectivo que he encontrado para formar un hábito? ¿Cuál de mis hábitos positivos puedo usar para ejemplificar este proceso? ¿Por qué ese hábito?

_____

_____

_____

_____

04 DE JULIO

Cuando en cada interacción que yo entable a lo largo del día sea capaz de ver una oportunidad de ejercer un efecto positivo en alguien, estaré comprendiendo lo que es la auténtica compasión. Como nada me cuesta ser gentil con alguien más, me esforzaré en mirar el mundo a través de un lente compasivo.

Cuando mi reacción a una interacción es negativa, ¿a qué suele deberse? ¿Qué cambios puedo llevar a cabo para que mi efecto en la interacción sea positivo y no termine escogiendo una respuesta negativa?

_____

_____

_____

_____

05 DE JULIO

Trabajaré para traer orden a mi vida sin sentirme frustrado por el proceso. Entre más orden pueda traer a mi vida—de un modo que sea productivo para mí—más sencillo será para mí el seguir adelante con la confianza de que voy en la dirección correcta. El esfuerzo bien vale la pena el resultado. Soy capaz de esforzarme aun cuando se trate de todo un reto.

¿Cuál consideraría que es la parte más desorganizada de mi vida? ¿Por qué es así? ¿De qué manera puedo fomentar que el orden se vuelva algo rutinario para lidiar con el desorden de los aspectos de mi vida, pero que al hacerlo ello no genere más estrés o frustración?

06 DE JULIO

No hay nada de malo en analizar mi situación laboral cuando yo sienta que sea necesario. Cuando me siento incómodo examinando mi situación actual, debo reconocer que esa es la señal de que puedo necesitar un cambio. Cuando soy consciente de mi nivel de honestidad al respecto de mi profesión y de los efectos que tiene en mí, soy capaz de tomar más elecciones positivas para mi futuro.

¿Me concedo la libertad para analizar con toda honestidad mi situación laboral? ¿Por qué sí o por qué no? ¿Cómo me siento al respecto de mi situación laboral? ¿De qué manera puedo mejorarla?

07 DE JULIO

La manera en la que respondo a mi autocuidado me hace saber un par de cosas. La primera, que puede ser que me priorizo a mí mismo y que estoy dispuesto a hacer tiempo para mi autocuidado, y la segunda, que considero que hay cosas más importantes y que por eso pongo mi autocuidado al final de la lista. Entre más peso ponga a cualquier lado de la balanza, más fuerte haré a esa percepción sobre mi autocuidado. Es mi responsabilidad darle un papel importante en mi vida a mi autocuidado.

Regularmente, ¿cuáles son los indicios que doy al respecto de mi percepción sobre el autocuidado? ¿Cuál es la razón de que perciba al autocuidado de la manera en la que lo hago? ¿En qué aspectos de mi vida necesito cuidar mejor de mí? ¿Cuál es una acción específica que puedo llevar a cabo para poner en práctica este modo de autocuidado, y cómo me beneficiaría hacerlo?

08 DE JULIO

Cuando los desafíos de la vida me derriben por tierra, yo tengo la opción de verlo como algo decepcionante o como una oportunidad para volverme más experimentado. En la vida, tengo la oportunidad de aprender cuando estoy dispuesto a reconocer los errores como necesarios y como algo positivo a la larga. Cuando estoy dispuesto a caerme por tierra unas cuantas veces, dejo a un lado el miedo y elijo el aprendizaje.

¿Cómo percibo habitualmente aquellas veces en la vida en las que no he tenido éxito? ¿Cuáles son algunas de las enseñanzas, si las hay, que aprendí de esas situaciones? ¿Qué acciones puedo llevar a cabo hoy para que en un futuro me encuentre más abierto a cometer errores?

09 DE JULIO

Entre más afine mi capacidad para mirar desde la perspectiva de alguien más, más entendimiento global ganaré sobre mí mismo. La empatía enseña compasión, y a partir de allí seré capaz de perdonar, de identificarme, y de amarme más a mi mismo y a los demás. Yo valgo el esfuerzo.

¿De qué modo la empatía me ha enseñado algo sobre mí mismo? ¿Qué hay de alguna situación en la que no empaticé? ¿Qué aprendí—o puedo aprender—también de eso? ¿Qué podría haber aprendido de esa experiencia?

10 DE JULIO

Me dé cuenta o no, la manera en la que decido invertir mi tiempo termina dictando cómo empleo mi energía y enfoque. Y esta forma podría no estar alineada con mis valores y mi auténtico yo. Fuera de mis obligaciones, yo elijo en qué invierto mi tiempo y a qué aspectos se van mi enfoque y atención. Cuando comprendo la importancia de direccionar mi atención, seré cuidadoso con el potencial que puedo alcanzar con la inversión de mi energía.

¿Cuándo una falta de equilibrio en la administración de mi tiempo me perjudicó en algún aspecto de mi vida? ¿Qué fue lo que aprendí de esa experiencia? Con una mejor administración del tiempo, ¿qué mejoras podría ser capaz de lograr en mi vida?

11 DE JULIO

Entiendo que habrá momentos en los que me sentiré inspirado de manera natural y momentos en los que yo seré responsable de fomentarla por medio mi impulso y mi ambición. No debo volverme autocomplaciente con ninguna de las dos. Sea como sea, yo desempeño un papel en el resultado así que, pase lo que pase, yo siempre estaré involucrado.

¿Qué me es más difícil: actuar sobre la inspiración o esperar a que venga a mí? ¿Por qué creo que es así? ¿Cómo puedo incorporar la creatividad en mi profesión? ¿Qué beneficios me traería mi creatividad mejorada?

_____

_____

_____

_____

_____

12 DE JULIO

Justo como ocurre con la comida que como, el contenido que consuma y deje entrar a mi mente tendrá un efecto en mí. Es crucial que yo asuma la responsabilidad por lo que veo y escucho, aún y cuando simplemente se trate del entretenimiento. La última palabra la tengo yo, pero si no me tomo el tiempo para analizar lo que consumo, será un riesgo demasiado grande como para dejarlo al azar. Mi salud mental está en juego.

En relación con el entretenimiento, ¿qué tanta importancia le doy a lo que consumo? ¿Por qué tengo esa percepción? ¿Qué es lo que debo hacer para volverme más consciente del contenido que va directo a mi mente? ¿Qué efectos negativos a mi salud mental puedo experimentar por causa del contenido que decido consumir?

_____

_____

_____

_____

13 DE JULIO

Hay muchos modos de ser feliz y muchas maneras para demostrarlo. La felicidad no se trata solo de sonrisas y exhibiciones públicas, también están mis sentimientos internos. Mi felicidad puede radicar en una satisfacción interna por mi presente, o en una creencia de un mejor futuro. Cuando no me limito a una sola definición o concepto, en lugar de sentirme decepcionado soy capaz de experimentar en plena amplitud y totalidad a la felicidad.

¿Cuáles son algunas de las diferentes maneras en las que experimento felicidad? ¿Mi experiencia de la felicidad es libre, o la defino de un modo en particular? ¿Qué acciones necesito llevar a cabo para ampliar el modo en el que veo y experimento la felicidad?

14 DE JULIO

La presión social de grupo no termina en mis años de adolescencia, solo se transforma. Entre más decida enfocarme en la visión que otros tienen de mí, más valor le daré a sus opiniones. Sin embargo, cuando mi valía está cimentada en mi propia visión de mí mismo, las influencias externas tienen poco poder sobre mí.

Siendo honesto, ¿cuánto me afecta lo que otros piensen sobre mí? ¿Qué curso de acción puedo seguir para que empiecen a dejar de importarme tanto sus opiniones?

15 DE JULIO

Entre más receptivo me encuentre a experimentar la vida a través de mi mente y mi imaginación, más sencillo será para mí el eliminar las barreras de lo ordinario y lo común. Cuando la imaginación desempeña un papel activo en el modo en el que proceso el mundo que me rodea, los límites de lo posible no me pesan y puedo extender mi alma hasta el cielo de mis sueños más sublimes.

¿Qué parte de mi proceso de planificación toma en cuenta a la imaginación? Si ninguna lo hace, ¿por qué es así? Si alguna sí lo hace, ¿qué papel desempeña allí la imaginación y cuáles son los beneficios y aspectos positivos que me brinda o podría brindarme?

---

16 DE JULIO

No es realista pensar que la vida jamás me derribará por tierra o que nunca fallaré. Aquí lo que importa es lo resiliente que pueda llegar a ser ante los desaciertos y tropiezos. Mientras siga siendo capaz de entender que una caída no es el fin del mundo, siempre contaré con la fuerza para levantarme otra vez y seguir adelante.

¿De qué maneras soy una persona resiliente? Recientemente, ¿cómo he usado mi resiliencia para desarrollar o fortalecer un área de mi vida? Si incrementara mi capacidad de resiliencia, ¿qué resultados podría obtener?

---

17 DE JULIO

En mi vida está bien contar con facetas sin un propósito determinado y específico; simplemente pueden estar ahí porque a mí me gusta que lo estén. En la vida hay espacio para lo necesario y para la diversión. Al ser capaz de ver el valor en ambos aspectos, me doy permiso para dar cupo a la frivolidad de vez en cuando.

¿Cuáles son esas cosas en mi vida que están ahí porque me gustan? ¿Cómo manejo esos sentimientos que surgen cuando pienso que todo necesita ser productivo? Si esos sentimientos son negativos, ¿de qué manera puedo manejarlos mejor?

18 DE JULIO

La mejor herramienta con la que cuento es la consciencia. Cuando de verdad soy consciente, soy capaz de tomar decisiones mejores, más informadas, puedo identificar dónde es necesario efectuar cambios y reconocer los sutiles indicadores que pueden perderse en la confusión. Continuaré trabajando en mi nivel de consciencia y lo mantendré como una prioridad.

¿Qué papel desempeña mi nivel de consciencia en mi toma de decisiones? ¿Qué acción puedo llevar a cabo regularmente para incrementar mis niveles de consciencia?

19 DE JULIO

La paciencia desempeña muchos papeles en mi vida, pero su papel más importante radica en mi necesidad de ser paciente conmigo mismo. No es fácil cuando ocurren los errores y contratiempos. Ser capaz de ser paciente con mi progreso y con la persona que soy a pesar de todos esos inconvenientes es lo que marca la diferencia. Los eventos que podrían frustrar esta travesía mía se vuelven un recordatorio de aquello que es importante en mi vida.

¿Usualmente soy paciente conmigo mismo? ¿Soy paciente conmigo cuando cometo un error? ¿Existen maneras con las que podría volverme más paciente conmigo mismo en un futuro? ¿Cuáles serían?

20 DE JULIO

Cuando voy por la vida con mente abierta, aprendo en lugar de juzgar, amo en lugar de odiar y entiendo en lugar de menospreciar. Estar dispuesto a comprender a los demás significa que voy preparando el camino para una vida con gran espacio para el amor. Entre más comprometido esté con el acto de mantener una mente abierta, más cosas de la vida experimentaré.

Para mí, ¿cuál es la clave para mantener una mente abierta? ¿De qué manera podría beneficiar a mi vida el que yo tuviera una mente más abierta? ¿Qué curso de acción puedo ejecutar para traer o seguir trayendo apertura a todos los aspectos de mi vida?

21 DE JULIO

No importa cuánto logre o lleve a cabo, la humildad es lo que me permite encontrar el éxito sin perder a la persona que soy en realidad. Cuanto más consistente soy en darle cabida a la humildad en mi vida, más oportunidades de éxito me preparo a recibir. La humildad no solo brinda perspectiva, también permite que no olvide por qué decidí trabajar y esforzarme en primer lugar.

Hasta ahora, ¿de qué manera he trabajado para incorporar humildad a mi vida? Conforme vaya alcanzando el éxito, ¿cuál es mi plan de acción para seguir siendo humilde? ¿Qué significa para mí ser humilde?

22 DE JULIO

De una manera u otra, todo en la vida se reduce a puntos de vista. Si bien lo que yo percibo no es lo que la otra persona percibe, eso no significa que alguno de los dos esté equivocado. Cuando soy capaz de comprender y empatizar con las perspectivas ajenas, aporto una visión más integral a mi vida.

Cuando analizo una situación, ¿suelo verla únicamente desde mi propia perspectiva o más bien lo hago bajo el lente de diversos puntos de vista? ¿Qué dice eso sobre mi forma de analizar? ¿Cómo puedo tomar en consideración las perspectivas de otros para mis análisis y tomas de decisiones?

23 DE JULIO

No me reduciré únicamente a lo que es lógico y considerado como probable. Los planes realistas que yo tenga para mi futuro son igual de válidos que mis sueños. Que uno exista sin el otro lleva a un desequilibrio en el futuro. Mi vida debería consistir en la libertad para alcanzar las metas que ansío, al mismo tiempo que respeto las realidades que con ella vienen.

¿Cuáles son, actualmente, dos de mis metas "realistas" y dos de mis sueños? ¿En cuál de los dos estoy trabajando? ¿Hay algún modo en el que pueda trabajar tanto en mis metas y sueños de manera simultánea, sin que ello actúe en detrimento? Si es así, ¿cómo puedo comenzar?

---

24 DE JULIO

Puede parecer más sencillo decirle a un amigo lo que él quiere oír, pero, la honestidad, en esos momentos intensos y cruciales, de verdad resultará más provechosa. Aunque decir algo que no guste a alguien nunca se vuelva fácil, continuaré trabajando en mí mismo para ser capaz de poner el bienestar ajeno en primer lugar y para permitir que sea la honestidad quien me guíe.

Cuando trato con mis amigos, ¿suelo ser honesto o endulzo mis opiniones que les brindo? ¿Por qué es así? ¿De qué manera puedo llegar a ser honesto la próxima vez que tenga una conversación complicada con un amigo?

---

25 DE JULIO

Si bien no todo en mi vida serán éxitos, durante los momentos en los que no tenga éxito yo me esforzaré por sentir esperanza sin importar qué. La esperanza es lo que alimenta mi convicción de que tendré éxito. Como la vida trae consigo errores que son inevitables, si no tengo esperanza no puedo pretender seguir adelante ni alcanzar verdaderamente lo que yo deseo.

En los últimos meses, ¿cuál fue una situación en la que la esperanza desempeñó un papel positivo? ¿Cómo puedo mantenerme esperanzado en el futuro a pesar de saber que delante me esperan desafíos?

26 DE JULIO

Mi éxito radica tanto en mi capacidad para trabajar y sobresalir como en mi disposición para tomar un descanso cuando es necesario. Cuando pueda aceptar con una actitud positiva al descanso, seré capaz de darme la oportunidad para revitalizarme incluso en mitad de las situaciones más ajetreadas. Entre más pronto perciba al descanso como algo necesario, más sencillo me será incluirlo posteriormente en mi rutina.

¿Cuál es mi relación con el descanso y/o tomarme las cosas con calma? ¿Cómo puedo deshacerme de la creencia y el estigma de que la necesidad de descanso es una debilidad o una pérdida de tiempo? ¿Qué es lo que puedo decirme a mí mismo en esos momentos en los que necesito un descanso, pero no estoy dispuesto a concedérmelo?

27 DE JULIO

La vida es demasiado corta como para no probar nuevas cosas. Cuando estoy dispuesto a expandir mis horizontes, no solo estoy abriéndome a nuevas experiencias, sino también a las nuevas perspectivas incluidas dentro de esas experiencias. Conforme siga avanzando, me comprometeré a volverme consciente de esas oportunidades y a no evitarlas cuando se me presenten.

¿Qué cosas nuevas he probado a lo largo de los últimos meses? ¿Cuáles son dos de las cosas que pueden expandir mis horizontes y que he querido probar, pero aún no he probado? ¿Qué razones han estado frenándome para experimentarlas? ¿Por qué son razones válidas para mí?

28 DE JULIO

Mi mente no es un objeto inanimado que no requiere mayor atención. Es como una planta, y si no me esfuerzo por fortalecerla, sucederá lo contrario y se debilitará. Se trate de actividades, herramientas de aprendizaje, o cualquier otra acción cuyo propósito sea trabajar mi mente, la conclusión a la que puedo llegar consiste en que lo peor que puedo hacer por mi mente es asumir que no necesita atención alguna.

¿Cuáles son algunas de las actividades mentales que disfruto llevar a cabo? Durante las siguientes semanas, ¿cuál podría ser una actividad específica o herramienta que podría incorporar a mi rutina para mi mente, y de qué manera la incluiría?

29 DE JULIO

Jamás debo olvidar que la insistencia en querer tener siempre la razón no me sirve de nada. Entre más cómodo me sienta admitiendo que me equivoqué, más abierto estaré a las enseñanzas que sigan. Los errores son parte de la vida, pero que yo aprenda de ellos no está garantizado. Vale más la pena aprender para el futuro que insistir tercamente en algo que yo sé que está mal.

¿Qué tan cómodo me siento admitiendo que estoy equivocado? Si esto me representa un problema, ¿por qué? Si no es un problema para mí, ¿cuáles son algunas de las enseñanzas destacadas que aprendí cuando reconocí mis errores?

30 DE JULIO

Al hacer uso de palabras inspiradoras para describirme, al aceptar los cumplidos en lugar de dejarlos de lado y al contar con una actitud positiva, construyo mi autoestima. No permitiré que las minucias me arrebaten la autoimagen positiva que estoy formándome de mí mismo.

¿Cuáles son algunas de las acciones que hago que afectan positiva o negativamente a mi autoestima? ¿Qué cambios puedo implementar para ayudarme a formar esa autoimagen positiva? ¿Cuáles son algunos de los beneficios que puedo obtener por trabajar en mi autoestima?

No solo aquello para lo que programo mi tiempo es lo que denota cuáles son mis prioridades, pues las cosas para las que hago tiempo—a pesar de mi horario—son las que comunican en verdad a qué actividades estoy dispuesto a invertir mi pasión y mis esfuerzos. Al volverme consciente de esas situaciones, soy capaz de identificar aquellos aspectos a los que les doy más prioridad, posiblemente sin haberme dado cuenta de ello, y llevar a cabo los cambios en donde sea necesario.

Durante las últimas semanas, ¿para qué actividades improvisadas he hecho tiempo sin que nadie me lo pidiera? ¿Por qué pienso que prioricé en particular a esas actividades?

_____

_____

_____

_____

Reflexión mensual

¿Qué significó este último mes para mí?

_____

_____

_____

_____

_____

¿Cuál inspiración diaria fue la que más resonó conmigo?

_____

_____

_____

_____

_____

Este mes aprendí...

_____

_____

_____

_____

_____

Capítulo Ocho: Agosto

La perspectiva de una persona sobre la vida no empata con la de otra y, aun así, vivimos en un mundo en el que ambas pueden coexistir al mismo tiempo. Aun cuando algo parezca distinto o no pueda entenderlo, el mes de agosto es el momento perfecto para que te muevas hacia adelante imbuido con una energía de entendimiento y aceptación. Mientras en el hemisferio norte agosto se vive como el mes de transición que se prepara para el invierno y pone fin a las altas temperaturas del verano, en el hemisferio sur agosto se vive y se siente como si fuera febrero. Dos experiencias totalmente distintas ocurren al mismo tiempo; este es el mejor ejemplo para ilustrar las vivencias de los próximos treinta y un días.

Mientras en tu hemisferio estés viviendo agosto, ¿qué pasará con las personas a tu alrededor? ¿Qué hay de las personas que amas? Este mes es un maravilloso recordatorio para que mires a través de los ojos de alguien más, porque, cuando comprendes a alguien, puedes amarlo y apreciarlo de un modo único por ser quien es como individuo.

01 DE AGOSTO

Habrá días que serán más llevaderos que otros para mí, y eso es algo que no puedo controlar. De lo que sí tengo el control, por supuesto, es de la forma en la que yo decida enfrentarlos. Seré valeroso en situaciones en las que no sienta ganas de actuar. Quedarme paralizado es fácil si lo comparo a demostrar coraje, pero la valentía siempre vale la pena.

¿Cuáles son algunas de las causas que me quitan las ganas de comenzar el día? ¿Qué detonantes o razones específicas puedo comenzar a resolver hoy mismo? ¿Qué beneficios me traerá vivir con valentía cada uno de los aspectos de mi vida?

---

02 DE AGOSTO

Las únicas limitaciones que pueden detenerme están en mi cabeza. Si encuentro las limitaciones que me he autoimpuesto, puedo trabajar en resolverlas o eliminarlas. Entre más consciente me vuelva de ellas, con más energía contaré al no verme limitado. Mi esfuerzo se orienta a aceptar y reconocer el poder que reside en mi mente y mis pensamientos, y en el beneficio que esto puede traerme.

¿De qué formas me limito a mí mismo en relación con las metas que persigo en la vida? ¿Qué acciones me ayudarían a confiar más en mi mente? ¿De qué manera puedo expandir el límite de lo que es posible para mí?

---

03 DE AGOSTO

Acepto y reconozco que la vida no me lo dará todo en bandeja de plata. Las oportunidades surgirán, pero de mí dependerá que las aproveche. Comenzaré a asumir más la responsabilidad por las oportunidades que yo decida o no decida tomar. Al volverme más consciente de las oportunidades que se presenten, iré incrementando mis posibilidades de tener éxito.

¿A qué puedo atribuirle usualmente la responsabilidad de que yo no aproveche una oportunidad cuando se me presenta? ¿Cómo puedo fortalecer mi resolución en este aspecto? ¿Hay alguna oportunidad que se me haya presentado recientemente, en la que pueda comenzar a trabajar ahora mismo?

04 DE AGOSTO

No puedo prometerme que nada malo pasará, pero sí que puedo prometer que seré fuerte en esos momentos. Cuando deje de intentar que las inevitables tormentas no ocurran y mejor me enfoque en prepararme para superarlas, creceré y aprenderé más que nunca.

¿De qué modo puedo mejorar mis reacciones durante los momentos difíciles de la vida? ¿Qué podría ayudar a prepararme para el futuro, en lugar de solo preocuparme? ¿Cuáles serían los beneficios que obtendría al adoptar este enfoque en mis responsabilidades diarias en el trabajo o en mi hogar?

05 DE AGOSTO

Mi nivel de consciencia no solo sirve para reconocer e identificar las partes negativas en mi vida, también la necesito para percatarme de las positivas. No hay de malo en aceptar las cosas buenas en mi vida. Al prestarle atención a las alegrías, del mismo modo en que lo hago con los desafíos, voy fomentando un estilo de vida más equilibrado y consciente que solo me beneficiará de aquí en adelante.

¿Qué reconozco más, mis éxitos o mis errores? ¿Por qué pienso que es así? En relación con los aspectos positivos en mi vida, ¿cómo puedo equilibrar mejor mi nivel de consciencia?

06 DE AGOSTO

La paciencia es mi mejor defensa contra las decisiones imprudentes y precipitadas. Mi paciencia puede ayudarme a largo plazo, pero también puede utilizarse para evitar situaciones frenéticas. En ocasiones, todo lo que necesito es tomarme un momento para reflexionar antes de decidir, y confiar en que mi capacidad de ser paciente contribuye considerablemente a brindarme tales oportunidades.

¿Qué acciones me ayudarán a que sea paciente en lugar de impaciente en ese tipo de situaciones? ¿Cuál es un ejemplo positivo y uno negativo de alguna circunstancia que involucre la paciencia y una toma apresurada de decisiones? ¿Qué fue lo que aprendí de esas circunstancias?

07 DE AGOSTO

Cuanto más capaz sea de no solo ver a través de una perspectiva ajena, sino de también percibir sus soluciones como aplicables a mi vida, más abierto seré como persona. Dejar a un lado mis sesgos personales y mi ego para así poder obtener una perspectiva más integral del asunto jamás será un error. Ser coherente a la hora de llevarlo a la práctica también me volverá más sabio.

¿Qué es lo que usualmente evita que yo tome en consideración el punto de vista de alguien más? ¿Qué acciones podrían ayudarme en un futuro a que yo aborde la cuestión con una mentalidad más abierta? ¿Qué pasaría si lo abordara de esta manera con más frecuencia?

08 DE AGOSTO

Entre menos me importe la aprobación ajena, más plenitud y satisfacción dejaré entrar a mi vida. Ya sea en el ámbito de mi trabajo, de mi creatividad, o en sociedad, yo cuento con la capacidad para afirmarme a mí mismo. Al basarme en un enfoque enraizado en mi propia aprobación, la comprensión y el entendimiento de mis necesidades y deseos en la vida se vuelve más claro.

¿Cuál es un aspecto de mi vida en el que la aprobación ajena tiene un mayor peso para mí? ¿Por qué en este aspecto en específico? ¿Por medio de cuáles acciones iré logrando gradualmente que me importe más mi propia aprobación que la ajena?

09 DE AGOSTO

Cuando me siento desbordado y hundido es cuando más necesito confiar en mi perspectiva. Tengo el poder sobre mi situación cuando puedo efectuar una pausa y dar un paso atrás para analizarlo todo desde un panorama más amplio. Con perspectiva, en especial durante esos momentos, puedo marcar la diferencia.

¿Qué puedo hacer para volverme más consciente durante las situaciones caóticas y abrumadoras? ¿Confío en que mi perspectiva puede serme de utilidad durante esas situaciones? Si no es así, ¿qué es lo que necesito cambiar?

10 DE AGOSTO

Como mi tiempo no es un recurso infinito, el modo en el que decida invertirlo entraña una tremenda importancia. Nada me obliga a invertirlo en cualquier cosa. Al hacerlo así, hago de mi tiempo una prioridad y esto me brinda otra oportunidad para fortalecer mi autovalía. Si mi tiempo es una prioridad, por ende, yo también lo seré.

¿De qué modos me demuestro a mí mismo que mi tiempo no es una prioridad? Cuando considere mis prioridades, ¿qué puedo hacer diferente para tomarme a mí mismo en cuenta? ¿En qué cosa o actividad me gustaría invertir más de mi tiempo?

11 DE AGOSTO

Lo honesto que yo sea conmigo mismo tendrá impacto únicamente si también le doy un seguimiento. No puedo esperar que la honestidad actúe por sí sola; sin acciones de por medio, no será más que un proyecto inacabado. Cuando, gracias a mi honestidad, identifique los cambios que necesito hacer, también debo actuar para llevarlos a cabo. Entre más efectivo sea mi seguimiento, más poderosa se volverá mi honestidad.

¿Por qué en el pasado me ha sido complicado actuar a partir de mi honestidad? Si en mi vida hay alguna instancia específica en la que esto se destaca por ser un problema, ¿cuál es esa instancia? Si enfocara mi atención en esa área, ¿qué acciones concretas me ayudarían a lograr ser honesto y activo?

12 DE AGOSTO

La esperanza es como el amigo que permanece a tu lado cuando todos se han ido. Es necesario que yo adopte una actitud positiva en relación a la esperanza porque, cuando todo parece derrumbarse, la esperanza está ahí para mí. No concebiré como frívola a la esperanza, pues en ella reside el verdadero poder en mi vida.

¿Cuándo fue una ocasión en mi vida en la que la esperanza desempeñó un papel decisivo? ¿En cuál de las facetas de mi vida la esperanza es especialmente relevante para mí? ¿De qué manera o en qué situación espero que la esperanza contribuya a mis objetivos?

13 DE AGOSTO

Ni siquiera todo el trabajo del mundo me servirá si no soy capaz de reconocer el valor del descanso. A mi meta necesito dotarla de un enfoque para el largo plazo, en lugar de tratarla simplemente como algo que necesito sobrellevar o superar. Cuando el descanso se vuelva parte natural de mi rutina y deje de ser una actividad extraordinaria metida con calzador en mi horario, atestiguaré también cómo la calidad de mi trabajo se eleva.

¿Tiendo a exagerar con el trabajo o con el descanso? ¿De qué modo puedo hacer ajustes para lograr un equilibrio? ¿Qué necesito hacer para establecer una relación sana y positiva con el descanso?

14 DE AGOSTO

Entre mayor sea mi disposición a mirar más allá de mi propia vida, más enriquecedora se volverá mi experiencia. La presunta seguridad que reside en el aislamiento no se compara con la enorme riqueza de vida que puede encontrarse en los puntos de vista de los demás. Aunque me resulte difícil en ocasiones, entenderé el poder que existe en la capacidad de ver más allá de mis horizontes y en valorar los aprendizajes derivados de las experiencias de otros.

En mi vida, ¿cuáles experiencias, fuera de las mías, me han enseñado algo? ¿Qué fue lo que aprendí de ellas? ¿Por cuál razón fui capaz de abrirme a esas perspectivas, y de qué manera puedo aplicarlas en futuras situaciones?

15 DE AGOSTO

Los logros de mi vida son significativos y merecen reconocimiento. Cuando adopto conmigo mismo un pensamiento afirmativo en relación a mis logros, soy capaz de sentirme pleno y no necesito de ninguna influencia externa. Si bien no hay nada de malo en desear que otros me reconozcan, no puedo ignorar el hecho de que nada puede reemplazarme como mi propia fuente de energía inspiradora.

¿Qué papel desempeñan otras personas en mi autoafirmación? ¿Qué es lo que debo hacer para convertirme en mi propia fuente de autoafirmación para mi vida? ¿Qué beneficios obtendré al convertirme en mi propia fuente de positividad?

_____

_____

_____

_____

16 DE AGOSTO

Los hábitos que conservo conforman la base de mi vida. Al contraponer mis deseos con los resultados que obtengo, puedo volverme más consciente de los hábitos que debería adoptar y los que debería eliminar o mejorar. Cuando haga de mis hábitos una guía, me estaré adelantando de manera muy positiva en mi camino hacia una vida equilibrada y saludable en cuerpo y mente.

¿Cuánta atención les presto a los hábitos de mi vida? ¿Cuáles son tres hábitos que necesito mejorar en mi trabajo o en mi hogar? ¿Cuáles son algunos de los cambios positivos que experimentaría si mejorase esos hábitos?

_____

_____

_____

_____

17 DE AGOSTO

El plan de acción a seguir para formar una autoimagen positiva debería aplicarlo sin juicios—ni míos, ni de los demás. Vale la pena esforzarme por tener una buena autoestima, y en esas situaciones necesito ser mi propio y más grande admirador. No es bueno ni posible que yo trabaje en beneficio de mi autoimagen y al mismo tiempo esté luchando contra la negatividad en mi interior.

¿Diría que mi actitud lastima o beneficia a mi autoestima? ¿Qué necesitaría hacer para fomentar un entorno más positivo en pro del desarrollo de mi autoestima? ¿De qué manera podría convertirme en una mejor influencia para mi familia si fuera capaz de elevar mi autoestima a sus niveles más óptimos?

18 DE AGOSTO

No permitiré que yo vuelva a sentirme obligado a conservar ciertas relaciones interpersonales en mi vida. Entre más distancia ponga entre la gente y ese sentimiento de obligación, más sinceras serán mis relaciones. Solo hasta que me sienta cómodo y pueda ser honesto acerca de aquellos que he elegido para que estén en mi vida, en verdad seré vulnerable con ellos.

¿Cuáles relaciones, actuales o del pasado, no beneficiaron mi vida? ¿Por qué sí lo fueron, o por qué sentí que las necesitaba? ¿Qué es lo que está impidiendo que me vuelva más perspicaz para el futuro?

19 DE AGOSTO

Quizás no me esté dando cuenta de ello, pero la fe que yo le tengo a las personas que amo es muy importante para ellas. Al entender el efecto y la influencia que yo puedo tener en la vida de otro, también comprenderé la responsabilidad que esto conlleva. Seré respetuoso con el privilegio que me otorga la capacidad de opinar sobre la vida de otro, y haré todo lo posible por inspirar a los que amo de la misma manera en la que a mí me gustaría ser inspirado.

¿A cuáles personas en mi vida suelo expresar con frecuencia mi devoción? ¿Hay personas con las que necesito ser más expresivo? ¿Cómo les haría sentir si les expresara mi devoción? En un futuro, ¿cómo puedo volverme más sensible y actuar en consecuencia?

_____

_____

_____

_____

20 DE AGOSTO

Los aspectos de mi interior en los que decido enfocarme son en donde experimento mayor crecimiento. Ya sea que mi atención se vuelque en un rasgo negativo que necesite mejorar o en un rasgo entrañable, donde yo decida dedicarme es donde sobresaldré. Es por esto que mi nivel de consciencia es tan crucial para mí, porque el enfoque en general es una herramienta maravillosa que, cuando sé usarla, trabajará de manera eficiente y específica en beneficio de mi bienestar.

¿Cuáles son tres aspectos de mi persona en los que me enfoco más? ¿Cuál es un aspecto en el que necesito trabajar? ¿Estoy prestándole atención a este aspecto? Si no lo estoy haciendo, ¿cómo lo rectificaré?

_____

_____

_____

21 DE AGOSTO

Trabajaré para volverme más consciente de la diferencia entre un trabajo y una carrera. Es importante que la conozca porque saberlo me ayudará a elegir en qué invertir mi energía. Un trabajo es para el corto plazo y debe ser visto como algo temporal y como una antesala a algo más grande y mejor. Una carrera, por otra parte, es una inversión a largo plazo que requiere de otro nivel de paciencia y esfuerzo. Saber cuál es la diferencia significa que yo soy capaz de planear y de prepararme con sabiduría para el futuro.

En relación con mi carrera, ¿he estado invirtiendo mi energía de la manera correcta? ¿Cuáles son mis aspiraciones profesionales? ¿Qué plan de acción me ayudará a hacer un mejor uso de mi enfoque para el futuro?

22 DE AGOSTO

Mi autocuidado debe basarse en las necesidades únicas e individuales que he identificado gracias a mi consciencia, y no deben estar basadas en lo que yo quiero que sean. Debo evitar sentirme presionado por las apariencias cuando ello implica hacer cambios innecesarios y perjudiciales a mi rutina. El autocuidado se trata de lo que necesito, no es una cuestión de óptica ni de apariencias. Entre más profundo sea mi entendimiento sobre este hecho, más efectivo podrá ser mi autocuidado.

¿Cuál es un aspecto de mi rutina de autocuidado que no se basa en lo que realmente necesito? ¿Por qué es así, y cómo puedo modificarla? ¿Hay algún otro que necesita que le preste más atención y dedique más enfoque? ¿Cómo puedo incluirlo más en mi rutina?

23 DE AGOSTO

No me dejaré llegar a un punto en el que sienta que ya no puedo aprender más. Mi vida es un versátil viaje que se encuentra en constante evolución, y entre mayor sea mi apertura al aprendizaje, más posibilidades de éxito estaré concediéndome. Al dejar a un lado el orgullo y mi ego, descubriré nuevos y profundos aspectos sobre mí y aprenderé cosas que jamás imaginé.

En el pasado, cuando he dudado sobre si aprender algo nuevo, ¿por qué ha sido así? ¿Cómo puedo mantenerme con una mentalidad abierta y receptiva a las nuevas oportunidades de aprendizaje?

24 DE AGOSTO

Si en verdad busco vivir una vida llena de amor, resulta imperativo que practique en todo momento la empatía. La empatía me ayudará a que viva más allá de mí mismo, a que nunca suponga que mi punto de vista es el único válido, y a que aprecie las experiencias y perspectivas de aquellos que me rodean. En aras de un amor pleno e íntegro, debo ser capaz de vivir con una firme actitud empática.

¿En qué áreas de mi vida me cuesta ser empático? ¿De qué manera puedo aprovechar esas áreas de mi vida en las que soy muy empático para efectuar un cambio en beneficio de esas áreas en las que no lo soy tanto? ¿Qué influencia positiva podría ejercer en mis amigos si fuera más empático con ellos?

25 DE AGOSTO

Para mí, es posible vivir de una manera creativa y al mismo tiempo poseer una ética de trabajo firme y enfocada. No necesito encasillarme en una cosa o en la otra. Soy perfectamente capaz de encontrar la satisfacción en ambos aspectos en mi vida sin verme forzado a hacer a un lado mi expresividad y creatividad para hacerlo.

¿La creatividad es una de mis prioridades o es más bien algo extra a lo que debo hallarle un espacio en mi vida? ¿Cuál es la razón detrás de mi actitud hacia la creatividad? ¿De qué manera puedo hacer que la creatividad esté más presente en mi vida sin perjudicar con ello a mi progreso?

26 DE AGOSTO

Puedo evitarme muchos problemas en la vida si aprendo a planificar y a prepararme bien. Si bien no me será posible evitar todos los baches de la vida, por medio del enfoque, organización y una noción saludable de la administración del tiempo, podré vivir con un sentimiento de preparación en lugar de la reactividad y la ansiedad.

¿Cómo ha mejorado mi vida la administración del tiempo? ¿En cuál aspecto de la administración de mi tiempo necesito esforzarme un poco más? ¿Qué cambios necesito efectuar para estar mejor preparado en el futuro?

27 DE AGOSTO

Mi ambición no es algo que yo deba reprimir o esconder. En lugar de hacerlo, aprenderé a escuchar aquello que me pida que planifique. Cuando me vuelvo consciente de las señales que me envía mi ambición, puedo aventurarme por el camino que me llevará a lograr mis propósitos. No permitiré que mis impulsos sean algo negativo, en su lugar los desarrollaré e incluiré en el sendero de la vida por el cual camino.

¿Cómo percibo a la ambición en mi vida? Recientemente, ¿cuál es esa dirección que mi ambición está indicando pero que no he querido seguir? ¿Por qué es así, y qué es lo que haré para ayudarme a seguirla?

----

28 DE AGOSTO

A la hora de reaccionar ante una situación, siempre tengo elección; puedo dejarme llevar por mis impulsos o hacerle caso a la razón. Sin importar qué esté sucediendo en mi vida, seguiré moviéndome hacia adelante con la intención de confiar en mi mente. Elegir reaccionar de una manera positiva y racional afectará no solo a los demás, sino también a mi vida. Entre más veces tome esta decisión, más cómodo iré sintiéndome con ello y se volverá algo natural.

¿Cuál fue una situación reciente y desafiante en la que actué de manera racional a pesar de todo? ¿Qué puedo aprender de eso, que pueda aplicarse también a otras interacciones?

----

29 DE AGOSTO

Aun cuando parezca algo bobo, está permitido que existan cosas en mi vida simplemente porque me hacen feliz. No necesito sentir que debo justificarme a mí mismo. Entre más perciba a la felicidad como algo valioso y necesario en la vida, de manera regular haré que esté más presente en todos mis esfuerzos.

¿Cuáles son algunas de las cosas en mi vida que están ahí solo porque contribuyen a mi felicidad? Para el futuro, ¿cómo puedo mantenerme receptivo a mi felicidad?

30 DE AGOSTO

Los objetivos que yo desee alcanzar no se darán por sí solos. Yo actuaré con valentía cuando sea necesario. Reconoceré la cantidad de trabajo que hará falta para lograrlo, y también aceptaré con una actitud valiente que soy completamente capaz de enfrentarme a lo que la vida me presente. Vale la pena luchar por las cosas que en verdad tienen un significado para mí.

¿Cuál fue una situación significativa en mi vida en la que actué con valentía para lograr un objetivo? ¿Qué puedo aprender de esa ocasión, que pueda aplicarse en una futura situación en la que también necesite ser valiente?

31 DE AGOSTO

La actitud con la que me enfrento a las cosas que suceden en la vida resulta determinante. Al elegir un enfoque positivo preparo el terreno para un crecimiento productivo. Trabajaré para mantener a la negatividad fuera de las metas que quiero alcanzar. En un entorno positivo es en donde el verdadero progreso se lleva a cabo.

¿Suelo comenzar mis proyectos con una actitud positiva? Si no es así, ¿qué es lo que necesito realizar para comenzar a hacerlo? ¿Qué crecimiento he notado en mí como producto de mis actitudes positivas?

Reflexión mensual

¿Qué significó este último mes para mí?

_____

_____

_____

_____

¿Cuál inspiración diaria fue la que más resonó conmigo?

_____

_____

_____

_____

Este mes aprendí...

_____

_____

_____

_____

Capítulo Nueve: Septiembre

Aun cuando llevamos avanzada la vida, o cuando menos lo esperamos, este mes es un símbolo de los nuevos comienzos. Mientras que en el hemisferio norte se da la bienvenida al otoño, en el hemisferio sur arranca la primavera. A lo largo y ancho del mundo surge la posibilidad de que todo alcance un equilibrio y la oportunidad de prepararse para lo que nos espera delante.

¿Cuál será tu comienzo este mes? Como ponemos toda la atención en los propósitos del año nuevo, a menudo olvidamos que los nuevos comienzos pueden ocurrir en cualquier momento. ¿Qué necesitas arreglar o modificar en tu vida? ¿De qué manera usarás estos arreglos para impulsar esos objetivos en los que no has pensado durante algún tiempo? Las posibilidades se encuentran todas a tu disposición, de ti dependerá a cuál comienzo darás inicio hoy.

01 DE SEPTIEMBRE

La única manera en la que yo puedo limitar mis sueños, es limitando mi propia imaginación. Hay poder en el acto de comprender que imaginar algo es el primer paso para volverlo realidad. Entre más me permita soñar, más capaz seré para lograrlo. Trabajaré en mí mismo para evitar limitarme y encadenar mi imaginación.

¿Cuál es una gran meta mía que puede ser difícil de lograr, pero por la que vale la pena esforzarse? ¿Estoy trabajando en volverla realidad? Si no lo estoy haciendo, ¿qué me detiene? Y si imaginar la gran meta es el primer paso para lograrla, ¿cuál sería el segundo paso? ¿Cuál sería el tercero?

02 DE SEPTIEMBRE

Si tengo la actitud y perspectiva correctas, todo en mi vida puede convertirse en una oportunidad. Ya sea que tenga éxito o que falle, siempre puedo aprender algo de la experiencia. Al esforzarme por vivir bajo esa actitud de oportunidad, pase lo que pase yo aprenderé.

¿Cuál es un buen ejemplo de una vez en la que mi actitud positiva me permitió aprovechar una oportunidad? ¿Qué hay de una ocasión en la que haya ocurrido lo contrario? Para el futuro, ¿qué enseñanzas me dejan estas dos experiencias?

03 DE SEPTIEMBRE

La verdadera resiliencia consiste en conocerme lo suficiente para saber cómo recuperarme de un error. Si bien resulta crucial que yo me ponga de pie y siga adelante, también es de sabios asegurarse de que estoy listo para hacerlo. Anteponer mi bienestar a la conveniencia sienta el precedente para un futuro saludable.

¿Qué puede ayudarme a ponerme de pie después de dar un paso en falso? ¿Cuáles son algunos de los riesgos derivados de apresurarme, y que necesito evitar en el futuro?

---

04 DE SEPTIEMBRE

Hay etapas para todo en mi vida, y ser capaz de identificar cuándo es hora de moverse a la siguiente es un importante rasgo que debo poseer. Mi consciencia me otorga la sensibilidad al crecimiento y las posibilidades en cada una de las etapas de la vida y me deja saber cuándo es tiempo de elegir la siguiente etapa.

¿Tengo la certeza de que mi consciencia me ayudará a confiar y decidir en la vida? Si no es así, ¿cómo puedo reforzar mi consciencia y mi confianza? ¿Cuál es un aspecto, en mi vida actual, dentro del cual estoy confiando hasta cierto grado en mi consciencia?

---

05 DE SEPTIEMBRE

Si bien existe una gran diferencia entre lo que quiero y lo que necesito, ambos necesitan darse a su tiempo. Cuando sea capaz de practicar el autocontrol a pesar de sentir un fuerte deseo de acelerar el proceso para obtener lo que quiero, será porque habré invertido tiempo en reflexionar honestamente acerca de la situación. No puedo decantarme por una o por otra, mis necesidades y deseos necesitan ser abordados con una mentalidad que vaya ligada a lo que en verdad me importa.

¿Cuáles son dos de mis deseos y dos de mis necesidades? ¿Cuál es la diferencia entre lo que deseo y lo que necesito? ¿Qué cosas me ayudarían a distinguirlas? ¿Cuál sería la consecuencia de confundir mis deseos con mis necesidades?

06 DE SEPTIEMBRE

Haré un verdadero esfuerzo por reaccionar de manera diferente cuando escuche algo con lo que no esté de acuerdo. En lugar de ser impulsivo o dejarme llevar por completo por la emoción, haré una pausa e intentaré verlo desde un punto de vista alternativo al mío. No siempre podré cambiar de opinión, pero vale la pena hacer el esfuerzo pues, cuando soy capaz de ver las cosas desde la perspectiva de alguien más, eso me trae crecimiento y progreso.

Cuando no estoy de acuerdo con algo que escucho, ¿cuál suele ser mi respuesta? ¿Qué podría mejorar de esa respuesta? ¿Cómo hago que mi reacción sea la consecuencia de una mentalidad abierta? ¿Cuáles son esas circunstancias o cosas que detonan mi impaciencia?

07 DE SEPTIEMBRE

Ser una persona abierta al cambio quiere decir que estoy dispuesto a aceptar que tal vez no tengo la razón. Acepto y reconozco la diferencia que existe entre ser terco e invertir tiempo en averiguar si en realidad tengo razón. Por más difícil que pueda resultar, trabajaré para mantener una actitud de humildad en esas situaciones.

¿Qué tan a menudo permito que la terquedad tome el lugar del discernimiento? ¿Cómo puedo disminuir la importancia de querer tener la razón para poder enfocarme primera y realmente en distinguir qué es lo correcto? ¿De qué modo puedo mejorar mi destreza en la toma de decisiones?

08 DE SEPTIEMBRE

En lugar de frustrarme por las cosas que no sé o las que se me dificulta aprender, llenaré esos huecos al darle importancia a las perspectivas de los demás. Como el conocimiento no se parece en nada a un monólogo, al darle la bienvenida a más puntos de vista fortaleceré y diversificaré mi propia perspectiva.

¿Cuáles son algunas de las cosas que he aprendido a partir de las experiencias ajenas, y no de la mía? En relación con lo anterior, ¿ha habido alguna situación reciente que me haya frustrado o causado angustia? ¿De qué manera puedo comenzar a abordar esa frustración y angustia sin limitarme solo a mi propia perspectiva?

09 DE SEPTIEMBRE

No ganaré nada con convencerme a mí mismo de que alguna cosa va bien. Dejaré de poner mi comodidad a corto plazo por encima de mi bienestar a largo plazo. Cuando esté dispuesto a ser honesto conmigo mismo desde un inicio, evitaré actuar por causas y creencias incorrectas.

¿Para cuál situación actual que estoy viviendo necesito un acercamiento más honesto? ¿De qué manera puedo comenzar este difícil proceso? ¿Qué beneficios me traería lograr un avance en esa situación?

10 DE SEPTIEMBRE

No puedo subestimar el poder que poseo sobre mis circunstancias. La actitud y el ánimo que conservo en cada situación repercute de manera real en el resultado. Incluso estando en situaciones desafiantes, cuando elijo creer en la esperanza en lugar de caer en la desesperanza, estoy confiando en mi poder interior para que lo positivo venga.

En situaciones complicadas, ¿el ánimo que conservo es de esperanza o de desesperanza? ¿Cómo mejoro o puedo llegar a ser más firme con ese ánimo? ¿De qué manera mi poder interior se ha manifestado para mí recientemente? ¿De qué modo puedo potenciar la fuerza de mi poder interior?

11 DE SEPTIEMBRE

Un aspecto fundamental y relacionado a conocerme íntimamente consiste en saber confiar en esa parte de mí que me dice cuándo debo esforzarme más o cuándo necesito hacer una pausa para recuperar el aliento. Cuando estas decisiones se basan en mis necesidades y no en las exigencias externas, mi elección consistirá en lo mejor para mí.

En mi vida, ¿soy yo quien decide cuándo me tomo un descanso o depende de otra cosa? ¿Cómo puedo hacerme con el control y así tomar mejores decisiones para mi futuro?

_____

_____

_____

_____

_____

12 DE SEPTIEMBRE

La incertidumbre de lo desconocido no volverá a causarme miedo. Soy capaz y soy fuerte. En la incertidumbre de lo desconocido residen las oportunidades. Enfocaré mi atención y energía en mi capacidad de aprendizaje y adaptación para así hacer frente a las cosas que solían atemorizarme. El poder para hacer que lo desconocido se vuelva comprensible se encuentra en mí mismo y yo acepto esa responsabilidad. Aprender y adaptarme forma parte de mi proceso de evolución.

¿Cuáles son dos situaciones con las que puedo ejemplificar cómo hice frente en el pasado a lo desconocido? ¿Qué fue lo que me ayudó a hacerlo? ¿Qué es algo incierto y desconocido que aún me queda por enfrentar? ¿De qué manera podré superarlo también?

_____

_____

_____

_____

13 DE SEPTIEMBRE

Si bien yo soy consciente de las personas que tienen una enorme influencia e importancia en mi vida, eso no siempre quiere decir que ellos sean conscientes de ello. Estoy decidido a mostrarles reconocimiento a aquellos que me han ayudado a lo largo de mi vida. También trabajaré para lograr sentirme más cómodo expresando mi reconocimiento en el futuro.

¿Quiénes son tres personas en mi vida que merecen reconocimiento? ¿Qué otras acciones puedo llevar a cabo para expresarles mi reconocimiento de una manera más frecuente? ¿Qué cosas harán que empiece a sentirme cómodo haciéndolo?

14 DE SEPTIEMBRE

Mis hábitos positivos no son los únicos que merecen atención. También es mi responsabilidad no dejar que los negativos se me escapen, incluso aunque no los considere una prioridad. Cualquier hábito que esté presente en mi vida influirá en quién soy y en lo que pueda o no pueda lograr. Así que, entre más atención preste a todo, más mejoras podré implementar en mi vida.

¿Cuál es un hábito negativo que necesito abandonar? ¿De qué manera podría transformar un hábito negativo en uno positivo? ¿Qué lograría deshaciéndome de este hábito negativo? ¿Qué enseñanza acerca de mis hábitos negativos y positivos me queda para el futuro?

15 DE SEPTIEMBRE

Que tenga una autoimagen positiva no quiere decir que distorsione la verdad para mi beneficio. Si no soy honesto en relación conmigo mismo, solo estaré preparando el terreno para decepciones futuras. Cuando soy capaz de entablar una relación honesta conmigo mismo al respecto de quién soy en verdad, la opinión que cualquiera pueda tener sobre mí no me afecta.

¿De qué maneras demuestro que soy sincero sobre mi autoestima? ¿De qué manera el ser deshonesto conmigo mismo me ha perjudicado en mi autoestima? ¿Cómo puedo evitar caer en lo mismo en un futuro? ¿Cuáles son esas cualidades positivas mías que debo mantener presentes para mi beneficio?

_____

_____

_____

_____

16 DE SEPTIEMBRE

Proponerme una meta es el primer paso, pero, si no confío en que soy capaz de alcanzarla, no me estaré preparando para tener éxito. Es necesario que yo comience bien cimentado, creyendo en mí mismo, porque solo así seré capaz de dedicarme por completo a lograr mi cometido.

¿Qué papel desempeña la fe en mí mismo cuando me propongo alcanzar una meta? ¿Suele disuadirme a la hora que toca establecer las metas que ansío lograr? ¿Cuál es un ejemplo de una ocasión en la que mi fe en mí mismo me ayudó a lograr una meta?

_____

_____

_____

_____

17 DE SEPTIEMBRE

No podré tener éxito si mi atención está puesta únicamente en el largo o el corto plazo. Mi éxito requerirá que yo me enfoque en ambas etapas. De esta manera, si las dos me parecen igual de importantes, me esforzaré por ambas en lugar de seguir actuando en desequilibrio.

¿En dónde suele estar mi foco; en el largo o en el corto plazo? ¿Cómo ha influido esto en mi éxito en general? ¿Qué cambios necesito llevar a cabo para equilibrar mejor la cuestión? ¿Cuáles son los potenciales beneficios que me esperan si logro alcanzar un mayor estado de equilibrio?

18 DE SEPTIEMBRE

Dedicar tiempo a mi autocuidado significa estar dispuesto a dar un paso atrás cuando algo comienza a resultar perjudicial para mi crecimiento. Esto incluye a las personas, los trabajos o cualquier cosa que exija mi atención y me deje sin energía. Al aceptar y reconocer lo positivo que es tomarme un tiempo para mí mismo, y en mi beneficio, se vuelve más cómodo que yo tome decisiones que me afecten principalmente a mí en lugar de afectarles a los demás.

¿Qué tipo de cosas suelen evitar que yo me aleje en beneficio de mi autocuidado? ¿Qué curso de acción a seguir me ayudará a que yo perciba mi autocuidado como valioso y merecedor de mi tiempo?

19 DE SEPTIEMBRE

La libertad que existe en crear y expresar no puede ser devaluada. Reconozco que contar con una válvula de escape para mi creatividad y expresividad en general resulta esencial para una vida equilibrada y saludable. Mi creatividad me permite analizar y solucionar los problemas de una manera más libre e innovadora. Los detalles pocas veces terminan importando, pero cuando me tomo el tiempo y me enfoco únicamente en la creatividad, estoy diciéndome a mí mismo que yo valgo la pena al hacer esta inversión.

¿Cuáles son algunas de mis válvulas de escape creativas preferidas? ¿Qué suele hacer que yo les dedique menos tiempo del que quisiera? ¿Qué acciones pequeñas y concretas puedo poner en práctica hoy para empezar a prestarles más atención?

20 DE SEPTIEMBRE

Como no existe un método infalible para administrar mi tiempo, trabajaré en desarrollar uno que se ajuste a mi situación y prioridades individuales. Al poner el foco en mis necesidades en lugar de mis deseos o lo que otros necesiten o quieran, soy fiel a lo que en verdad me beneficia.

¿Cuáles son algunos de mis métodos personales para administrar el tiempo? ¿Cómo fue que terminé incorporándolos a mi vida? ¿Qué asegurará que yo continúe receptivo a futuras adiciones o ajustes?

21 DE SEPTIEMBRE

Es importante que yo comprenda qué es lo que me impulsa. Entre más consciente sea de mis impulsos y de lo que me contribuye a lograr mis metas, mejor preparado me encontraré para esas situaciones. Puedo surcar mejor el camino de mi travesía cuando estoy al tanto de las cosas que me ayudan o me estorban.

¿Cómo puedo identificar qué es lo que me impulsa? ¿Cuáles son tres de las cosas que me impulsan hacia mis metas? ¿Cuáles son tres detonantes que suelen frustrar mi progreso? ¿Cómo puedo volverme más consciente en relación con estos dos aspectos?

22 DE SEPTIEMBRE

Una de las mejores virtudes que puedo practicar es ser desinteresado. Cuando soy capaz de poner primero a los otros, estoy enseñándome a mí mismo que es importante enfocarse en lo que hay afuera de mí. Cuando consigo desprenderme de los puntos de vista típicos de la sociedad que giran en torno a uno mismo, puedo influir en la gente de una forma muy auténtica.

¿Cuál es un ejemplo reciente de una situación en la que fui capaz de actuar desinteresadamente? ¿Qué plan de acción puedo seguir para que actuar desinteresadamente siga siendo una prioridad en mi mente? ¿Cuáles son los beneficios de ser desinteresado con los demás?

23 DE SEPTIEMBRE

Incluso aunque reconozco que es complicado ser positivo durante las situaciones difíciles, también estoy al tanto de que es altamente beneficioso permanecer concentrado en lo positivo. Cuando elijo que mis reacciones surjan a partir de una mentalidad positiva en lugar de irme por lo que me exige menos esfuerzo, estoy forjando un hábito. Conforme vaya haciéndolo durante las siguientes situaciones, irá volviéndose más sencillo para mí tomar las decisiones correctas.

¿Cuándo fue una ocasión en la que elegí ser positivo a pesar de no quererlo? ¿Qué enseñanza me dejó haber hecho ese esfuerzo extra? ¿De qué manera puedo usar esa experiencia para ayudarme a manejar mejor las situaciones futuras?

---

24 DE SEPTIEMBRE

Es un hecho que sería en extremo fácil para mí ser desagradecido y pasar por alto todas las cosas maravillosas que hay en mi vida. Aprenderé a avanzar hacia adelante sintiéndome lleno de agradecimiento por las bendiciones que he recibido. Estoy dispuesto a esforzarme para no olvidar que debo dar las gracias cuando me sucedan cosas buenas.

¿Cómo puedo volverme más expresivo en mi gratitud? ¿Cuáles son tres cosas particulares en mi vida por las que me siento agradecido? ¿Cómo puedo demostrar más a menudo la gratitud que siento por contar con estas tres cosas? ¿Cuáles son algunas acciones con las que yo podría mostrarme más agradecido cada día?

---

25 DE SEPTIEMBRE

Mantendré una mentalidad abierta a los descubrimientos. El mundo es demasiado grande como para que yo decida estancarme, así que le daré la bienvenida a cualquier oportunidad para el descubrimiento de cosas nuevas. Ya sea que vengan en forma de relaciones, oportunidades, o simplemente un entretenimiento, vale la pena experimentarlas.

¿Cuál fue el último descubrimiento que hice en mi vida? ¿Cuál fue un aspecto positivo que aprendí en ese momento? ¿De qué manera puedo hacer más espacio en mi vida para este tipo de descubrimientos?

26 DE SEPTIEMBRE

La vida se trata de oportunidades. Si no me mantengo receptivo a las oportunidades que se me presentan, tal vez podría ocurrir que no vuelva a tener una. Por medio de mi nivel de consciencia, seré capaz de identificar los momentos en los que surja una de esas oportunidades. Y aún cuando no todas vayan a funcionar, vale la pena esforzarse por las oportunidades.

¿De qué manera el perder una oportunidad en el pasado me ayudó a aprender y mejorar para hoy? ¿Cuáles son las acciones que me permitirán mantenerme atento y consciente para no dejar pasar futuras oportunidades?

27 DE SEPTIEMBRE

Estoy en el proceso de reconocer la diferencia entre el conocimiento y la sabiduría, y también soy consciente del valor que ambas tienen. El conocimiento es necesario para que mis decisiones estén fundamentadas, pero la sabiduría me guía en la dirección correcta para mí. Si solo me apoyo en una o en la otra, entonces estaré esforzándome únicamente a la mitad de mi capacidad.

Para mí, ¿cuál es la diferencia entre sabiduría y conocimiento? ¿De qué manera contribuye cada una a mi capacidad para la toma de decisiones? ¿De qué manera puedo desarrollar y reforzar mi conocimiento y sabiduría?

_____

_____

_____

_____

28 DE SEPTIEMBRE

La ambición por el triunfo no es, per se, una cualidad negativa, pero cuando decido mezclarlo con mi orgullo y mi ego, puede volverse perjudicial. Si bien yo comprendo la importancia de ser una persona que se deja guiar por su ambición, también entiendo que debo hacerlo a través de la humildad.

¿Cómo puedo volverme más ambicioso? ¿Qué papel desempeña mi orgullo en mi ambición? ¿Qué es lo que puedo hacer para volverme capaz de distinguir entre las dos en futuras situaciones?

_____

_____

_____

_____

29 DE SEPTIEMBRE

La empatía no termina cuando conozco los pensamientos de la otra persona, de hecho, consiste también en tomarme el tiempo para entender por qué piensan de esa manera. Entre más capacitado esté yo para contemplar verdaderamente las cosas desde la perspectiva de alguien más, más profundo será el entendimiento que adquiriré sobre sus experiencias. De igual manera, también obtendré una visión más clara acerca de lo que ellos pueden aportar al mundo.

¿Cuándo fue la última vez que realmente traté de entender el "por qué" de alguien y no solo me conformé con un nivel superficial? ¿Qué fue lo que obtuve de esa experiencia? ¿Cómo puede ayudarme esta experiencia a ser más empático en el futuro?

30 DE SEPTIEMBRE

Ser una persona positiva no quiere decir que tengo una visión poco realista de la vida, simplemente significa que me esfuerzo por ver más allá. Que yo tenga la capacidad de encontrar aspectos positivos si lo intento quiere decir que, para hacerlo, necesito dejar a un lado mis ganas de reaccionar de manera condicionada para, en su lugar, abrir los ojos a las posibilidades y a la fe en mí mismo.

¿Suelo relacionar la positividad con una perspectiva poco realista de la vida? Si es así, ¿por qué? ¿Cómo puedo lograr que esa percepción mía cambie y se vuelva más provechosa? ¿Por medio de cuáles acciones puedo desarrollar mi pensamiento positivo?

Reflexión mensual

¿Qué significó este último mes para mí?

_____

_____

_____

_____

¿Cuál inspiración diaria fue la que más resonó conmigo?

_____

_____

_____

_____

Este mes aprendí...

_____

_____

_____

_____

Capítulo Diez: Octubre

Este mes puede ser visto como una época de transición; cuando el clima cálido se ha enfriado, comienzan los preparativos para la estación más fría. Este sentimiento de transición, no importa dónde estés, se experimenta en toda la tierra. Mientras que en el hemisferio norte la temporada invernal está a la vuelta de la esquina, en el hemisferio sur la gente se prepara para recibir a la primavera.

En serio, que no importa en dónde estés, porque todavía puedes aprovechar este mes para prepararte para el resto del año. Puede ser estresante pensar en las posibles y próximas festividades, en las fechas límite de entrega del trabajo o los exámenes. Aunque todos esos eventos que se avecinan puedan parecer abrumadores, brindan el momento perfecto para que le aportes un poco más de afirmación a tu vida. Que desarrolles una actitud positiva y adoptes un enfoque proactivo para tu vida no solo contribuirá a que emplees de manera óptima ese tiempo que usualmente malgastabas preocupándote, sino que, llegado el momento, también te permitirá estar preparado y listo para disfrutar.

01 DE OCTUBRE

Puedo decidir entre seguir viviendo hundido en la preocupación o lidiar en realidad con mis preocupaciones. Trabajaré para poder ser capaz de aceptar y reconocer el hecho de que simplemente vivir hundido en la preocupación no aligera el peso de mis problemáticas. Que yo decida prepararme y tomar medidas al respecto de mis problemáticas me lleva a estar más cerca de manejar de manera constructiva mis situaciones. Que yo actúe sobre aquello que sí puedo controlar es fundamental. El tiempo que dedique y los esfuerzos previos que haga, su resultado, bien valen la pena.

¿Cuáles son algunos de los aspectos de mi vida por los cuales me la vivo preocupándome, pero nada hago por solucionar? ¿Por qué razón pienso que son estos aspectos los más afectados? ¿Cómo puedo dejar de enfocarme en preocuparme y pasar a analizar los posibles cursos de acción que puedo llevar a cabo?

02 DE OCTUBRE

Puede que en mi vida existan las dificultades, pero eso no significa que esté en mi contra. Cuando las dificultades surjan, no será porque la vida quiere que falle, sino porque quiere que aprenda de la experiencia. No será algo fácil, pero sí puedo comenzar a modificar mi perspectiva al respecto para ser capaz de identificar las posibilidades en lugar de solo temerle al desafío. Las cosas no me suceden a mí, suceden para mí.

¿Cuál fue una ocasión en el pasado en la que me preocupé mucho por algo? ¿Qué gané al preocuparme? Por el contrario, ¿cuál fue una ocasión en el pasado en la que usé la dificultad de la situación para aprender de ella? ¿De qué manera puedo aplicar este enfoque a mis problemáticas actuales?

03 DE OCTUBRE

Las verdaderas amenazas a mi progreso no son las cosas inesperadas a las que me enfrenta la vida, son mis momentos de inacción. Cuando permito que el estancamiento se haga de un lugar en mi vida, mi impulso se debilita y ello puede conducirme a un estado de negación relacionado con esa peligrosa sensación de encontrarme cómodo. Al evitar de manera activa estos periodos de inactividad, no desaprovecharé las oportunidades ni me perderé del progreso.

En mi vida, ¿cómo diferencio entre el descanso y la inactividad? ¿Qué es lo que me ayudará a estar más consciente de las diferencias para así volverme más proactivo de aquí en adelante?

04 DE OCTUBRE

No debo prestarle toda mi atención únicamente a cómo mis acciones afectan a mi yo del presente, pues hacerlo también me afectará en un futuro. Al ser capaz de percibir un equilibrio, y además de esforzarme por mantenerlo, estaré tomando decisiones responsables para mi presente y también asegurando que mi yo del futuro estará preparado para el éxito.

¿A cuál aspecto de mi vida futura estoy afectando negativamente el día de hoy porque le presto toda la atención a mi presente? ¿Qué decisiones he tomado sin tomar en cuenta mi futuro? ¿Qué puede enseñarme esa experiencia acerca de hacer lo correcto de aquí en adelante?

05 DE OCTUBRE

Un hecho de la vida es la naturaleza cambiante de las cosas, y aquello que me llena de inspiración también está sujeto a esa realidad. Para aumentar mis posibilidades de tener éxito, yo necesitaré mantener una mente abierta a esos impulsos cambiantes. Que las cosas que despierten mi ambición no sigan siendo las mismas durante toda mi vida no quiere decir que haya menos inspiración que antes.

¿Cuáles son dos de las cosas que antes solían inspirarme, pero que, conforme ha pasado el tiempo, ya no lo hacen? ¿Cuál de mis inspiraciones actuales necesito analizar en busca de algún cambio? ¿Por cuál razón todavía no he querido ajustar estos aspectos de mi inspiración?

----

06 DE OCTUBRE

Aprenderé a dejar de malgastar energía en solo imaginar aquellas cosas que me harían feliz, y comenzaré a trabajar para volverlas una realidad. Las cosas que me hacen feliz valen la pena y merecen existir fuera de mi mente. Al esforzarme en esto, estaré mostrándome a mí mismo lo importante que es mi búsqueda de la felicidad.

¿Qué felicidad en particular solo ha vivido en mi mente? ¿Por qué no he intentado volverla realidad? Mis razones para no hacerlo, ¿a día de hoy siguen siendo válidas? ¿Qué puedo empezar a hacer hoy mismo para que mi felicidad comience a materializarse por medio de mis acciones?

----

07 DE OCTUBRE

Los cambios positivos que quiero implementar en mi vida no siempre se darán fácilmente. Es necesario que yo acepte y reconozca este hecho, y que entienda que la valentía requerida para llevarlo a cabo no significará que todo mi miedo se irá sin más. Esta valentía consiste en seguir adelante a pesar de sentirme preocupado o asustado; esto es lo que mi valentía puede hacer por mí.

¿Cuál fue una ocasión en mi vida en la que necesité ser valiente? ¿Cómo reaccioné en esa situación? ¿De qué manera esta situación puede contribuir a enseñarme acerca de cuándo será necesario mostrar coraje en el futuro? ¿Cuáles serían algunas de las acciones que podría llevar a cabo para desarrollar esa valentía que necesitaré para hacer frente a los retos en el trabajo y en el hogar?

08 DE OCTUBRE

En los momentos en los que parezca que nada sale bien para mí, la positividad será la mejor herramienta para ayudarme a superar las dificultades. Si bien no podrá solucionarlo todo, ser positivo es lo primero que tengo que hacer para lidiar con las situaciones difíciles. No puedo dejar de lado el efecto que puedo conseguir si miro con ojos diferentes y positivos a la situación. Al tener presente y a mi alcance este hecho, estaré preparado para cuando se necesite—e incluso cuando ni siquiera me lo espere.

¿De qué manera el mantener una actitud negativa ha afectado los eventos en mi vida? ¿Cuáles son algunas de las instancias en específico en las que un acercamiento positivo a la situación pudo haber modificado el resultado? ¿Qué puede aportar este conocimiento a mi futuro?

09 DE OCTUBRE

Yo puedo acortar la distancia entre un deseo y la realidad por medio de la visualización del resultado que me gustaría obtener, y de cómo éste se manifestaría en mi vida. Esta es una importante acción para mi preparación y puede contribuir a enfocar mis esfuerzos presentes hacia lo que en verdad me importa. Al imaginar cómo quiero que vaya, estoy influyendo en cómo yo me desenvolveré durante la situación.

Si pienso acerca de un deseo que ha estado viviendo solo en mi mente: si yo fuera capaz de alcanzarlo, ¿de qué manera mi vida cambiaría para mejor? ¿Cuál es la primera acción que puedo realizar para encaminarme hacia mi deseo? ¿Y cuál sería la segunda?

_____

_____

_____

_____

10 DE OCTUBRE

Mi vida no se define por los momentos desafiantes o por aquellos que han conseguido vencerme, sino por la manera en la que elijo reaccionar a ellos. La resiliencia en mis reacciones es una fortaleza que no puedo dar por sentada. Al conocer en dónde residen mis fortalezas y cómo puedo implementarlas en mi vida, puedo mantenerme firme ante los desafíos.

¿Cuál es una ocasión destacada durante la cual reaccioné de manera resiliente ante un desafío? ¿Qué hay de alguna en la que mi reacción no haya sido correcta? ¿Qué se escondía detrás de mis acciones—o en la falta de ellas—durante esas situaciones? ¿Qué enseñanzas relacionadas a mi futura forma de actuar se desprenden de cada situación?

_____

_____

_____

_____

11 DE OCTUBRE

Ser consciente de aquellos aspectos negativos de mi vida que necesitan de un arreglo es algo productivo, pero es igual de importante para mi consciencia que yo me dé el crédito por las decisiones positivas que tome. Lo negativo puede enseñarme cosas, sí, pero si no me afirmo a mí mismo sobre las acciones correctas que tomo, el proceso se vuelve parcial e injusto para mí.

¿En qué aspectos o áreas de mi vida tengo problemas para afirmarme a mí mismo? ¿A qué se debe que surja esta dificultad? ¿Cuál es uno de esos aspectos en los que puedo comenzar a trabajar hoy mismo?

12 DE OCTUBRE

Mi paciencia no solo debe extenderse a los que me rodean, pues resulta igual de importante para mí que sea paciente conmigo mismo. Serlo me permitirá que aborde las situaciones a mi ritmo—sean positivas o negativas. Cuando soy capaz de ser paciente conmigo mismo, me brindo más oportunidades para un crecimiento sin juicios y para una vida sin estrés innecesario.

¿De qué manera describiría el nivel de paciencia que me tengo? ¿En cuál aspecto soy más duro conmigo mismo? ¿De qué modo puedo efectuar cambios para ser más paciente conmigo de lo que actualmente soy? ¿Qué necesito tener en mente para lograrlo?

13 DE OCTUBRE

Tener una autoestima positiva no significa que nunca me siento inseguro o que siempre estoy contento conmigo mismo. Significa que siempre estoy trabajando para mejorar y también incluye a la manera en la que yo me veo a mí mismo. Me encuentro en un camino que me requiere entendimiento y esfuerzo, y ambos deberían poder llevarse a cabo sin juicios.

¿Qué ha significado para mí el tener una autoestima positiva? ¿De qué manera puedo mejorar mis ideas para lograr ser más comprensivo y poder juzgar menos?

_____

_____

_____

_____

14 DE OCTUBRE

Cuando reflexiono acerca de los valores que más atesoro en la vida, eso es lo que debo de buscar en las personas de las cuales he decidido rodearme. No hay nada de malo en ser selectivo con las personas a las que les permito influir o tener acceso a mi vida. Las relaciones interpersonales que yo tenga deben estar cimentadas en el respeto mutuo de los valores y creencias, no en una tolerancia de los rasgos negativos.

En relación con esas relaciones que no son sanas de mi vida, ¿por qué sigo manteniéndolas? Siendo honesto, ¿cuál ha sido el efecto que han tenido esas relaciones en mi vida? ¿Qué es lo que puedo hacer para ayudarme a lidiar con esas relaciones?

_____

_____

_____

_____

15 DE OCTUBRE

Cuando trato de forzar a la inspiración para que venga, lo único que hago es crear fricción. Sin embargo, cuando analizo mis tiempos y soy paciente a la hora de irla implementando, el resultado será uno mucho más orgánico. El hecho de que la inspiración no venga o no me ayude en algún momento no determina que ello no vaya a suceder en otro momento, así que solo necesito dejar que fluya en lugar de forzarla.

¿Cuál fue una situación que ocurrió de manera reciente, en la que supuse que nada funcionaría porque traté de forzarla? Si me tomara el tiempo para meditarlo, ¿qué plan de acción podría ayudarme a volver a tratar de abordar esa situación en específico? ¿Cuáles son algunas de las maneras con las que yo puedo encender la llama de la creatividad y la inspiración?

16 DE OCTUBRE

Cuando me descubro perdiendo la concentración durante una situación, mi propensión a reaccionar con frustración solo lo vuelve más complicado. Cuando eso ocurra, lo más importante que debo tener en cuenta es el hecho de que la paciencia es una herramienta y que, además, la frustración destruye. Como no podré concentrarme bien cuando me frustre, yo deberé de ejercer mi autocontrol para así darme una mejor oportunidad de recuperar ese enfoque perdido.

¿De qué manera suelo reaccionar cuando pierdo el enfoque? ¿Cuáles son las mejores herramientas a mi disposición para ayudarme cuando eso ocurra? ¿Cuál podría ser un buen recordatorio acerca de cuál sería la mejor reacción en mitad de una situación difícil?

17 DE OCTUBRE

Los aspectos de mi vida a los que estoy entregado puede que no siempre estén alineados con lo que es mejor para mí. Es crucial que yo me dé la oportunidad para identificar qué cosas merecen el tiempo que les invierto. Al ser alguien que invierte su tiempo en cosas en especifico en lugar de solo ser esa persona que invierte su energía en cualquier cosa, seré capaz de entregar más de mí mismo a las cosas que en verdad importan.

¿Cuándo en mi vida, tanto en el presente como en el pasado, mi dedicación la he puesto en el lugar equivocado? ¿Por qué sentí la necesidad de entregarme a eso? ¿Cuál es el obstáculo más grande al que me enfrento cuando se trata de saber en dónde debo poner mi dedicación? ¿De qué manera puedo lidiar con este obstáculo?

18 DE OCTUBRE

Cuando soy capaz de abordar la vida de una manera completamente honesta, ello me permite verla de una forma mucho más clara. A través de la honestidad yo seré capaz de identificar cuándo he malgastado mi energía y hacia dónde o en qué debería de enfocar mis esfuerzos. Entre más honesto sea yo al respecto de las situaciones en mi vida, más significativa y certera será la fuerza que tendrán mis acciones.

¿Cuál es la razón de más peso por la cual he tenido problemas siendo honesto conmigo mismo? ¿Con cuál aspecto de mi vida es con el que frecuentemente he tenido más problemas? ¿Qué acciones me ayudarán a comenzar a modificar esta propensión a la deshonestidad?

19 DE OCTUBRE

No siempre seré capaz de lidiar con los tiempos difíciles en mi vida, pero puedo asegurar que seguiré teniendo esperanza sin importar lo desafiantes que se vuelvan las situaciones. Muchas cosas podrán salirse de control, pero puedo seguir aferrándome a la esperanza de que todo mejorará. Primero debo actuar acerca de lo que sí controlo. Sin acciones ni esperanza, no tendré la fortaleza que puedo llegar a tener.

Durante los tiempos difíciles en el pasado, ¿qué ha evitado que yo tenga esperanza? ¿Qué es lo que puedo hacer hoy para que, en un futuro, la esperanza desempeñe un papel más importante? ¿Cómo puedo ser mejor a la hora de pasar a la acción?

20 DE OCTUBRE

Necesito comenzar a percibir cómo el progreso y los beneficios no solo surgen de los momentos en los que actúo, sino también de los periodos de reflexión. La reflexión no interrumpe mi progreso, más bien incrementa las posibilidades de que yo obtenga información y nuevas perspectivas de mejora. El progreso no solo consiste en ir avanzando hacia delante, significa también que sé distinguir en qué momentos la reflexión es lo más beneficioso que puedo hacer.

¿He intentado autorreflexionar sobre el progreso—o su falta—de un reciente proyecto o tarea? ¿Qué papel podría desempeñar la autorreflexión en mi vida? ¿Cuáles serían los beneficios particulares que yo podría obtener si reflexionara con mayor frecuencia?

21 DE OCTUBRE

Hay momentos de mi vida que son excepcionalmente especiales para mí, y por ello, debo permitirme a mí mismo su reconocimiento. Cuando puedo aceptar y reconocer aquellos momentos destacados, inyecto más motivación a mi vida. Aún si la motivación externa no siempre está allí, cuando yo mismo puedo generarla me vuelvo menos dependiente de los demás para mi autoimagen y mi valía.

¿Cuáles son algunos de los momentos excepcionales de mi vida que merecen reconocimiento? ¿Qué tan cómodo me siento al reconocerme mis logros? ¿Qué podría ayudarme a darles un mejor reconocimiento en el futuro?

---

22 DE OCTUBRE

La vida está llena de oportunidades de aprendizaje que fácilmente puedo ir confundiendo con obstáculos si no estoy consciente. Cuando sea capaz de reaccionar de una manera paciente y perspicaz, no me perderé de las oportunidades que se me presenten. Ello me preparará a más posibilidades en un futuro.

¿Qué suele evitar que yo perciba las oportunidades de aprendizaje como lo que son? ¿Cuál fue una ocasión en la que sí supe identificar la oportunidad? ¿Qué puedo aprender de ese acierto para volverme más consciente en el futuro?

---

23 DE OCTUBRE

La creatividad tiene muchos usos en mi vida, entre ellos está el ser capaz de ver y pensar diferente. Al percibir a mis rasgos creativos como catalizadores de decisiones positivas, Incremento mis posibilidades para solucionar los problemas. Entre más potencie mi creatividad, más útil me será como herramienta para la productividad de mi vida.

Recientemente, ¿cuál fue una decisión que me requirió ser creativo? ¿Qué papel, diría yo, desempeña la creatividad en mi vida diaria? ¿Qué me ayudaría a hacer que la creatividad se vuelva más una prioridad para mí?

24 DE OCTUBRE

Cuando yo no comprenda algo, mi mejor reacción debe ser decidir aprender más acerca de ello. Entre menos tiempo emplee enfocándome en el problema, más energía y tiempo podré usar para encontrar una solución. La información me lleva a un mayor entendimiento, y eso me ayudará a que no caiga en trampas como la frustración o los enfoques desacertados.

¿Cuál suele ser mi reacción habitual al encontrarme ante algo que no comprendo? ¿Mi reacción me ha beneficiado o me ha dado problemas? En un futuro, ¿qué cosas podrían ayudarme a reaccionar de una manera más positiva ante aquello que no comprenda?

25 DE OCTUBRE

Hay una diferencia entre la comodidad y el peligro de perder impulso. Si bien puedo concederme momentos de comodidad sin por ello poner en peligro mi productividad, debo evitar predisponerme a etiquetarlas. Al ser más analítico con respecto de este asunto en particular, puedo dejar de abstenerme de las comodidades y continuar siendo productivo.

¿Qué tan confiado me siento en mi habilidad para distinguir entre la comodidad y la inacción? ¿Cuáles son dos ejemplos de situaciones relacionadas en la que esto en específico me haya causado problemas? Si las analizo desde un nuevo punto de vista, ¿qué opino ahora de estas situaciones? ¿Qué puedo aprender de esto para futuras situaciones?

26 DE OCTUBRE

Una parte fundamental de mi preparación para el éxito consiste en que yo crea que puede suceder. La confianza que yo deposito en mi capacidad para cumplir una meta desempeña un rol vital dentro del resultado. Que yo aborde una situación con una mentalidad victoriosa, y a ello le sume mi fe en mí mismo, contribuye en gran medida a mi éxito.

¿De qué manera describiría mi actitud a la hora de proponerme una meta? Si aspiro a tener confianza en mí mismo, ¿qué cambios necesito efectuar para hacerlo? ¿Qué es lo que está evitando que yo haga real mi confianza en mí mismo?

27 DE OCTUBRE

Es posible para mí que yo alcance mi mejor momento tanto en el trabajo como en mi vida personal sin que por ello sacrifique a alguno o sin que corra el riesgo de agotarme. Al ampliar mi enfoque para abarcar tanto a mi carrera como a mi hogar, puedo volverme más consciente de la existencia o de la falta de equilibrio. Entre más equilibrio consiga traer a los aspectos principales de mi vida, más capacitado estaré para alcanzar la plenitud en cada uno de ellos.

¿La balanza de mis esfuerzos tiende a inclinarse hacia el hogar o hacia el trabajo? ¿Por qué tengo esas prioridades? ¿En qué necesito enfocarme para traer el equilibrio a mi vida?

28 DE OCTUBRE

Aunque crezco como persona cuando me enfrento a los retos, ésa no es la única manera en la que yo puedo alcanzar un desarrollo personal. Es necesario que yo me deshaga de la creencia de que únicamente a través de las dificultades puedo obtener progreso y un crecimiento profundo. La vida está llena de oportunidades para crecer que no involucran desafíos, y que solo requieren de mi consciencia y de mi disposición a reconocerlas, tal y como lo hago durante los tiempos difíciles.

Fuera de aquellas circunstancias durante los tiempos difíciles, ¿cuál fue una situación que contribuyó a mi crecimiento? ¿Cómo puedo usar esta situación de ejemplo para ayudar a fomentar mi nivel de consciencia? ¿Cuál es el mayor obstáculo que impide que yo note la diferencia?

29 DE OCTUBRE

Seré más proactivo a la hora de identificar si una situación no es buena o conveniente, o si acaso debería seguir adelante con seguridad. Este conocimiento solo vendrá a mí a través de mi nivel de consciencia sobre mí mismo, y de mi entendimiento sobre si la situación será beneficiosa para mí. Cuando acepte y sea capaz de reconocer cómo y en dónde me conviene usar sabiamente mis talentos y destrezas, yo encontraré aquellos lugares en donde poner mi esfuerzo será lo correcto.

¿Cuáles son mis requisitos para evaluar si una situación me conviene o no me conviene; por ejemplo, dentro del contexto de una relación con alguien, o en un trabajo? Cuando pienso en lo que es beneficioso para mí, ¿de qué manera podría describirlo? ¿Cuáles son algunas acciones concretas con las que puedo elevar mis niveles de consciencia en relación con esta cuestión?

30 DE OCTUBRE

Como es imposible que yo evite los malos momentos de la vida, es importante que conozca cuáles herramientas me ayudarán a superarlos. Si soy proactivo y me preparo para esos momentos que disten de ser ideales, estaré capacitado para cuidar de mí mismo durante las dificultades y también podré ayudarme a salir de ellas en cuanto ocurran. Seré capaz de eliminar el estrés derivado de la vergüenza que solía experimentar al vivir esos momentos difíciles conmigo mismo, y de allí, me concederé la libertad de lidiar con la experiencia de una manera saludable.

¿Cuáles son algunas de las cosas o acciones que me ayudan durante los momentos difíciles de la vida? ¿Suelo adoptar un enfoque saludable de autocuidado durante esas situaciones? ¿Qué podría ser un útil recordatorio, para usarlo en futuras situaciones, acerca de las cosas o acciones que me ayudan a sobrellevar los momentos difíciles?

31 DE OCTUBRE

Que yo cumpla una de mis metas es algo significativo, pero la meta en sí misma no es todo lo que yo debería apreciar. Mi aprendizaje será más profundo si consigo percatarme de que recorrer el camino hacia la meta es igual de valioso que alcanzarla al final. Si no aprecio la parte del proceso que corresponde a la travesía, no contaré con el nivel de preparación que la meta me requiere. Un acercamiento equilibrado en ambos aspectos—la meta y el camino—me hará apreciarlos a los dos y eso significará que podré aprovechar mejor los resultados.

¿Tiendo a enfocarme más en la meta o en el camino para llegar a ella? ¿Por cuál razón me inclino más por la una o por la otra? ¿Qué me impide obtener una perspectiva más equilibrada? ¿De qué manera puedo seguir adelante, pero apreciando igualmente a estos dos aspectos?

Reflexión mensual

¿Qué significó este último mes para mí?

_____

_____

_____

_____

¿Cuál inspiración diaria fue la que más resonó conmigo?

_____

_____

_____

_____

Este mes aprendí...

_____

_____

_____

_____

Capítulo Once: Noviembre

Este mes es único pues funciona como una especie de recordatorio de que el año se acerca a su final. Si bien diciembre es el mes que suele dar una sensación de cierre, noviembre brinda una sensación de calma, casi como si quisiera decirte que tienes tiempo de sobra para hacerlo todo. Es a partir de este ánimo, que las inspiraciones para este mes han sido escritas. Mucha energía y tiempo se malgasta en preocupaciones sobre lo cortas que son las horas durante el día—y los pocos días que tiene el mes—todo eso, mientras el reloj sigue avanzando.

En lugar de revivir una vez más esa experiencia, aprovecha este mes para traerle productividad y conclusiones a tus días en lugar de la ansiedad y la inquietud de siempre. Muchas culturas le han atribuido a este mes en particular un sentido de transición hacia los años de vejez—pero no como un final, sino más bien como un tipo diferente de comienzo. Esta noción es otra forma con la que puedes recordar que cuentas con más tiempo del que muchos piensan. Aún cuando parezca que las cosas van aquietando su ritmo, hay comienzos en todas partes que esperan a ser encontrados.

Inicia noviembre con un sentido de renovación y haz a un lado las prisas y la preocupación que suele relacionarse con esta época del año. Inspírate una vez más en este inicio: la mayoría de la gente no sabe que noviembre está considerado como el Mes de Acción de Gracias, así que, en lugar de que esperes a un único día para sentirte agradecido, toma cada día como una oportunidad de mirar a través de lo negativo para encontrar un poco de gratitud en todas las cosas.

01 DE NOVIEMBRE

Entre más energía invierta yo en preocuparme por el tiempo, más tiempo estaré perdiendo. Trabajaré en mejorar mi mentalidad para que, en lugar de preocuparme por el tiempo que tengo o no tengo, yo pueda invertir sabiamente esa energía. Por más que se me dificulte recordarlo, no olvidaré que el tiempo transcurre igual que siempre, me enfoque o no me enfoque en él, y que preocuparme por eso no mejora nada mi situación. Me enfocaré en mis deberes de fin de año y en ellos emplearé eficientemente y eficazmente mi tiempo.

¿Qué tan frecuentemente, diría yo, malgasto mi tiempo preocupándome por el tiempo? ¿Cuáles serían dos posibles formas con las que yo podría alertarme sobre el desperdicio de tiempo cuando ocurra? ¿Qué curso de acción puedo seguir para transformar mi mentalidad de preocupación en una que se ocupe de actuar? ¿A cuáles recursos puedo acceder para ayudarme a efectuar este cambio en mi mentalidad?

---

02 DE NOVIEMBRE

Hay una gran diferencia entre ser alguien productivo y alguien que constantemente está trabajando o en movimiento. Que yo sea capaz de llevar a cabo una acción no quiere decir que ésta merezca mi tiempo y mi atención. Cuando comience a ser capaz de distinguir que la calidad importa más que la cantidad, no solo seré más productivo, también me sentiré más satisfecho con el progreso que vaya logrando.

¿Cuáles son algunos ejemplos de cosas en mi vida que puedan considerarse como "ocupaciones inútiles" que no contribuyen en realidad a mi productividad? ¿Por qué doy mi tiempo y atención a esas cosas que no lo merecen? ¿Qué plan de acción puedo seguir para volverme más consciente de estos elementos, y también para asumir la responsabilidad por ellos?

---

03 DE NOVIEMBRE

Salir de la zona de confort es diferente para todos, así que no puedo juzgar lo que otros hayan hecho (o no hayan hecho) desde la óptica de mis experiencias. Yo puedo ser audaz y puedo aventurarme fuera de mi zona de confort al mismo tiempo que respeto mi bienestar y mi estabilidad mental. Allí donde una persona podría disfrutar del paracaidismo, otra podría experimentar la misma corriente de adrenalina al resolver un rompecabezas; mi vida y mis experiencias son únicamente mías para disfrutar y para definirme.

Durante el último mes, ¿qué fue algo que hice fuera de mi zona de confort? ¿Qué es lo que suele evitar que yo me aventure fuera de ella? ¿En cuál aspecto de vida podría salirme de mi zona de confort? ¿Qué beneficio me traería hacerlo?

04 DE NOVIEMBRE

La manera en la que yo perciba y aborde una situación influirá de manera significativa en mis posibles reacciones ante ella. Si bien puede requerir menos esfuerzo que yo adopte un punto de vista negativo y pasivo, un enfoque positivo y proactivo es un modo muchísimo más eficaz para aumentar mi productividad y para disminuir el efecto del estrés. Los resultados reflejarán mi cambio de actitud en cuanto a ello le sume mi trabajo y esfuerzo.

¿Suelo dejar que las situaciones determinen cuál será mi actitud ante ellas? ¿Qué podría contribuir a que yo me haga con el control de mi actitud ante las situaciones, independientemente de lo desafiantes que éstas puedan parecer? ¿Cuál es un buen ejemplo de una ocasión en la que mi actitud influyó de manera directa en un buen resultado (o en uno malo)? ¿Qué enseñanza me deja esa experiencia?

05 DE NOVIEMBRE

No permitiré que se aprovechen de mi amabilidad o de mi actitud servicial (ya sea directa o indirectamente). No hay nada de malo en que yo ponga límites en mi vida, y ejercerlos me requiere que yo informe a los demás cuando los han cruzado. La forma en la que otros decidan reaccionar a mis límites no es mi responsabilidad, y no puedo dejar que sus reacciones erosionen mi resiliencia. Lograré sentirme cómodo con la incomodidad, y está bien pedir mi espacio.

¿De cuál rasgo mío en particular suelen aprovecharse, o se han aprovechado? ¿Por qué permití que eso ocurriera? ¿De qué manera puedo volverme más consciente y capaz para poner límites, y de respetarlos? ¿Qué estrategias puedo implementar para que mis límites se respeten mejor?

06 DE NOVIEMBRE

La vida transcurre con rapidez, y es por esto que se vuelve incluso aún más importante para mí que haga una pausa para expresar mi gratitud. Esto no quiere decir que solo deba hacerlo cuando algo memorable ocurra, es esencial que yo me sienta agradecido también durante los eventos que puedan parecer ordinarios. Cuando sea agradecido y demuestre a cada día mi gratitud, con ello otorgaré una nueva capa de profundidad de plenitud y felicidad a la vida que tengo.

¿Qué tipo de relación tengo con el acto de expresar constantemente mi gratitud? Pensando en algo en específico por cada día de la semana pasada, ¿cuáles serían aquellas cosas por las que me siento agradecido? ¿Qué es lo que me ayudará a volverme más consciente de esos momentos de gratitud presentes en mis días?

07 DE NOVIEMBRE

No me quita nada ser una persona amable. A pesar de no poder conocer aquello por lo que otros están pasando en sus vidas, un acto de amabilidad podría ser justo lo que ellos necesiten. Manteniendo esa mentalidad positiva y reconociendo las experiencias ajenas, pero sin tener ninguna expectativa, actuaré de la forma en la que a mí me gustaría que otros me tratasen.

Cuando puedo elegir, ¿suelo inclinarme más a ser amable o es todo lo contrario? ¿Cuál suele ser la razón más frecuente para que yo no me tome el tiempo de ser amable, y qué es lo que yo podría hacer para pensar de manera diferente en un futuro? ¿Cuál es una acción pequeña y concreta con la que puedo ser más amable con los demás?

08 DE NOVIEMBRE

La paciencia no significa que yo tenga que tolerar acciones o cosas que me dañen. Trabajaré en identificar correctamente cuál es la diferencia entre lo tolerable y lo perjudicial para así ejercer la virtud de la paciencia sin que por ello se originen resultados negativos. Cuando sea capaz de identificar cuáles son los límites saludables de mi paciencia, seré capaz de tomar decisiones más inteligentes y en un futuro me volveré más consciente de dichos límites.

¿Por qué en el pasado he permitido que mi paciencia se vuelva perjudicial para mí? ¿Qué es lo que me ha impedido poner límites a mi paciencia? En un futuro, ¿de qué manera puedo volverme una persona más paciente, y al mismo tiempo seguir trabajando con todas mis fuerzas en obtener los resultados que deseo?

09 DE NOVIEMBRE

Soy una persona talentosa y no existe ninguna razón para que yo no me sienta orgulloso de mis capacidades. Dejaré de compararme con otras personas y me enfocaré en los dones que poseo y en aquello que puedo aportar al mundo. Cuando pueda contemplar a mis talentos sin hacerles ningún tipo de juicio o comparación, en verdad reconoceré lo que puedo hacer y lo que seré capaz de lograr.

¿Cuáles son tres de los talentos o dones que poseo? ¿Qué tan cómodo me siento reconociendo esos dones ante otros o ante el público? ¿Qué es lo que en verdad me impide aceptar lo que soy capaz de hacer, y mostrarlo asimismo a los demás?

10 DE NOVIEMBRE

Lo que yo hago en privado es igual de importante que lo que hago en público. Los criterios a través de los cuales me rijo deben de guardar coherencia con todos los aspectos de mi vida, y entre más diferencias se encuentren entre mi conducta pública y mi conducta privada, más difícil se pondrá todo para mí. Cuando elijo ser coherente con mi actitud en ambas situaciones, también estoy generando más estabilidad y potencial para la persona que seré en el futuro. Lo que hago cuando nadie me está mirando es lo que define mi carácter.

¿Cuáles son algunas de las diferencias entre mi yo privado y mi yo público? ¿Cuáles son algunas de las diferencias negativas más específicas que he permitido que existan en mí? ¿Cómo puedo generar un equilibrio entre mi yo privado y mi yo público para el futuro?

11 DE NOVIEMBRE

Así como existe un momento para todo, hay uno para la acción y el esfuerzo, otro para tomárselo con más calma. Relajarse un poco más, cuando la situación lo permite, no es un problema sino una forma en la que puedo demostrarme a mí mismo que mi bienestar importa y que puedo lograr más resultados, incluso de donde menos los espero. Ser capaz de darme un respiro y luego retomar mi avance, ya con más tranquilidad, me permitirá evitar el agotamiento y generará más oportunidades de progreso para mí.

¿Qué tan cómodo me siento dando un paso atrás para estar más relajado? SI se me da la oportunidad, ¿tiendo a trabajar de más o más bien me vuelvo despreocupado? ¿Cuál sería el punto medio entre esos dos extremos en mi vida? ¿Cómo puedo volver realidad ese punto medio de equilibrio?

12 DE NOVIEMBRE

El aprendizaje no viene de una sola fuente, y la escuela es solo una de ellas. Si bien admitir que desconozco algo no es para avergonzarse, sí necesito ir más allá y poner manos a la obra para instruirme. Entre más cómodo me permita sentirme con el aprendizaje, y al hallar mis puntos de ignorancia, más conocimiento seré capaz de absorber. Mi autoeducación no solo es importante, también me acercará a ser la mejor versión de mí mismo. La dimensión del progreso que vaya logrando dependerá de cómo reaccione a lo que desconozco, más que de aquello conocido.

¿Cuál es un área de mi conocimiento en la que me siento cómodo aprendiendo? ¿Cuál es un área en la que me siento preocupado o ansioso por lo que desconozco? ¿Qué me ayudaría a acortar esa brecha de conocimiento y a enfocar mi energía en instruirme?

13 DE NOVIEMBRE

Que yo entienda la diferencia que hay entre la honestidad, la franqueza y la tendencia a criticarme en exceso me será muy provechoso. La capacidad para hablar con la verdad, con honestidad, y sin descuidar los sentimientos ajenos al hacerlo, es, en efecto, un rasgo apreciado. Entre más capacitado me encuentre yo para analizar las cosas desde la perspectiva de otras personas, mejores consejos podré dar, y hablaré con la verdad a los demás sin causarles daños o dolores emocionales innecesarios.

¿Cuál fue una situación en la que no tuve tacto con mi honestidad? ¿Qué puede enseñarme esa situación acerca de ser compasivo a la vez que honesto? ¿Cuáles aspectos de mi vida son los que necesitan beneficiarse más de esta enseñanza, y de qué modo puedo comenzar a trabajarlos?

14 DE NOVIEMBRE

Mi autoconciencia es un elemento fundamental para lograr que mi disciplina se aplique con éxito en mis acciones. Cuando soy consciente de los aspectos de mi vida en los que necesito enfocarme, y conozco mis razones para hacerlo, me evito cualquier confusión y estrés. Que yo comprenda en cuáles aspectos mi voluntad se resiente le brindará a mi autodisciplina las mejores posibilidades para ayudarme a superar una situación. Si soy consciente de mis áreas de mejora, seré capaz de invertir sabiamente mi energía y de hallar soluciones con más facilidad.

¿Cuáles son algunos de esos aspectos de mi vida en los que experimento algunos problemas de autodisciplina? Si elijo uno, ¿por qué me resulta problemático? ¿Qué acciones podrían ayudarme a avivar y usar mi consciencia para así evitarme en un futuro el desperdicio de energía, tiempo y esfuerzo?

15 DE NOVIEMBRE

Estoy en esta tierra para vivir, no para simplemente existir. Una excelente manera para asegurarme de que vivo, es vivir con un propósito. Vivir con un propósito sentará firmemente las bases para mi futuro. Entre más seguro me sienta yo acerca de dónde quiero estar y de cómo llegaré allí, más eficiente será mi progreso.

¿Qué significa para mí vivir con un propósito? ¿Cuál es una área de mi vida en la que vivo con un propósito? ¿Cuál es otra en la que necesito trabajar para vivir con más propósito? ¿De qué modo puedo entender mi propósito para así ser capaz de pasar a la acción?

16 DE NOVIEMBRE

No hay nada inherentemente malo con la curiosidad, mientras vaya acompañada de un sentido de conciencia y de racionalidad. Me daré la libertad para sentir curiosidad, en lugar de vilipendiarla y resistirme a ella. La curiosidad reforzará mi imaginación, mi creatividad, y me brindará nuevas perspectivas de la vida que nunca antes había considerado. Quitarle el estigma negativo a la curiosidad no solo es provechoso, también expande mi mundo.

Si lo hace, ¿qué papel desempeña la curiosidad en mi vida? ¿Por qué percibo la curiosidad de la manera en la que lo hago? ¿Es esa una percepción saludable que debería de conservar? ¿De qué manera puedo dejar de evitar a la curiosidad, y cómo puedo, en su lugar, comenzar a percibir sus potenciales puntos positivos a favor?

17 DE NOVIEMBRE

Como la vida está siempre en constante cambio, entre más flexible sea yo, más estrés podré evitarme. Como no puedo contar con que no habrá dificultades o desafíos, cuando éstos se presenten, será mi flexibilidad la que me permitirá superarlos y también experimentar un crecimiento. Entre más esfuerzo ponga en adaptarme, más fácil se irá volviendo para mí y más aprendizajes obtendré de la experiencia.

¿Cuál suele ser mi reacción usual cuando una situación requiere que yo me adapte? ¿Qué mejoras necesito hacerle a esa reacción? ¿Cómo puedo hacer que la flexibilidad desempeñe un papel más importante en mi vida? ¿Cómo puedo aprender a volverme más flexible al cambio?

_____

_____

_____

_____

18 DE NOVIEMBRE

No estaré brindándome las mayores posibilidades de éxito a menos que pueda reconocer tanto mis propias necesidades como las de los demás. Que exista equilibrio en este aspecto en particular resulta imprescindible. Que yo me enfoque en una sola parte—sea en mí o en los demás—me preparará a obtener una satisfacción disminuida cada vez. Cuando yo soy capaz de percibir como única a cada situación, y de determinar cómo ésta me afecta tanto a mí como a los demás, estoy brindándome las mejores oportunidades para tomar decisiones saludables e íntegras.

¿Me suelo enfocar más en mí mismo o en los demás? ¿Por qué pienso que existe este desequilibrio en específico? ¿De qué modo mi actual punto de vista me ha perjudicado en el pasado, o cuándo me ha beneficiado? ¿Cuáles son algunas acciones concretas que puedo llevar a cabo para comenzar a equilibrar este aspecto de mi vida?

_____

_____

_____

19 DE NOVIEMBRE

Ser una persona productiva a corto plazo es un excelente objetivo, pero no puedo olvidarme de lo importante que es proyectarlo también a largo plazo. Si bien la productividad a corto plazo puede hacer que las cosas avancen, al incorporar ideas que vayan más bien orientadas al largo plazo, yo estaré enfocándome tanto en la meta final como en su efecto a lo largo del camino. Cómo algo me hace sentir a mí, o a alguien más, puede ser igual de importante que el nivel de productividad—y esto aplica igual para el corto y el largo plazo.

¿Cuáles diferencias percibo al estar enfocado en ser productivo a corto plazo, en comparación a estarlo a largo plazo? ¿Cuál es un ejemplo de una ocasión en la que únicamente contemplé un enfoque a corto plazo, cuando debería de haberlo incluido también a largo plazo? ¿De qué manera puedo aprovechar esa experiencia para volverme más consciente de la importancia de ser productivo tanto a corto como a largo plazo?

20 DE NOVIEMBRE

Yo soy valioso, y por ello, las metas y sueños que tenga también son valiosos. Adoptar este punto de vista me permitirá vivir mi ambición sin culpas o limitaciones añadidas. Al considerarme a mí mismo un merecedor del éxito y la felicidad, estoy dándome permiso no solo para reconocer mis ambiciones, sino también para ir en pos de ellas. Las cosas a las que aspiro y que deseo son importantes por el simple hecho de que soy yo quien las ansía y desea.

¿Cuáles son dos ambiciones mías que no me he sentido cómodo admitiendo ante otros? ¿Por qué me siento de esta manera acerca de esas ambiciones? ¿Qué acciones me harían sentir más libre para expresarme sobre una, o sobre las dos ambiciones?

21 DE NOVIEMBRE

El entusiasmo puede significar distintas cosas para cada persona, y aún así seguir conservando su efecto. Yo no necesito igualar mi propio entusiasmo al de otra persona para demostrar a mi vida y mis metas el apoyo que se merecen. Cuando elimino los juicios al respecto, me vuelvo capaz de adoptar un enfoque más abierto en relación al tipo de entusiasmo que yo aporto a mi vida.

¿Cuáles son algunas de las maneras en las que yo expreso mi entusiasmo? ¿A qué problemáticas me he enfrentado, en relación con el tema de cómo el entusiasmo de los demás ha afectado el modo en el que yo demuestro el mío? ¿Qué acciones me ayudarán a que yo me enfoque más en mí mismo en futuras situaciones?

_____

_____

_____

_____

_____

22 DE NOVIEMBRE

No es mi responsabilidad hacer que otras personas se sientan cómodas si con ello comprometo y dejo a un lado mis sentimientos. En la vida hay días buenos y malos, y yo puedo experimentar ambos de la manera que mejor se me acomode. Las reacciones ajenas a mis sentimientos no son mi responsabilidad, y yo trabajaré en aceptar ese hecho como una verdad en mi vida. Es válido que yo sienta de la forma en la que lo hago.

En el pasado, ¿por qué permití que otros influyeran en la manera en la que expresé mis sentimientos? Desde aquel entonces, ¿qué es lo que he aprendido? ¿Cuál ha sido una razón frecuente para que yo permita que los sentimientos de otros tomen prioridad antes que los míos? ¿Cómo haré para trabajar esa cuestión?

_____

_____

_____

_____

_____

23 DE NOVIEMBRE

No necesito inventarme emociones positivas para poder etiquetar un día como "bueno". Es posible que yo establezca distintos estándares para cada día; incluso aunque eso signifique que tenga que ponérmelo más fácil por el bien de mi bienestar. Además, eliminar esa necesidad de etiquetar los días me quita estrés de encima; puedo ser feliz sin necesidad de poner calificaciones.

Por lo regular, ¿qué suele definir a un día como bueno o malo para mí? ¿Por qué siento que necesito etiquetar mis días como algo o lo otro? ¿Qué pienso que podría ayudarme en un futuro a eliminar esa necesidad?

24 DE NOVIEMBRE

Es posible para mí que yo sea al mismo tiempo confiado y cauteloso. Tal y como ocurre con el resto de mi vida, todo se reduce a un equilibrio. Es esencial que yo pueda ser alguien confiado y vulnerable, y que también sea capaz de reconocer la importancia de ser cuidadoso acerca de a quién o en qué situación demuestro esa parte de mí mismo. Al guardar un equilibrio entre la confianza y la cautela, puedo experimentar la plenitud de la vida a la vez que continúo priorizando mi bienestar y mi estabilidad.

¿Qué me resulta más natural, ser confiado o ser cauteloso? ¿Este modo de conducirme, ha habido alguna ocasión en la que me haya perjudicado y otra en la que me haya beneficiado a nivel de crecimiento personal? ¿Cuál es una acción que me ayudará a lograr el equilibrio entre la confianza y la cautela con la que vivo?

25 DE NOVIEMBRE

Que algo se haya hecho o logrado antes no significa que no merezca reconocimiento. El reconocimiento periódico—tanto para mí como para los demás—me brindará en general una perspectiva más agradecida de la vida. Cuando incorporo como una parte de mí el acto de priorizar el reconocimiento por encima de las expectativas, me doy la oportunidad de ejercer una influencia positiva en mí mismo y en las personas de mi vida.

¿Suelo expresar mi reconocimiento con cierta frecuencia? ¿Por qué sí o por qué no? ¿De qué manera el reconocimiento me ha afectado positivamente en el pasado? ¿Qué acción contribuiría a que yo tenga presente el reconocimiento para futuras situaciones? ¿Por cuál situación o cosa puedo sentirme agradecido hoy con mi vida?

26 DE NOVIEMBRE

Al escuchar de verdad lo que otros tienen para decir, aprenderé acerca de los beneficios que conlleva el ser paciente y priorizar a los demás antes que a mí. La diferencia que separa al acto de hablar con la gente, y el de escucharla, reside en sentir un genuino interés por lo que dicen en lugar de esperar a que sea mi turno para hablar. Cuando construya el hábito de escuchar genuinamente a otros algo característico de mí, también experimentaré crecimientos personales.

¿Suelo escuchar a los demás, o simplemente hablo con ellos? ¿Qué acciones podrían ayudarme a escuchar más? ¿Qué plan de acción puedo llevar a cabo para volverme una persona que escuche constantemente y no solo de manera esporádica?

27 DE NOVIEMBRE

Incluso si no tiene nada de malo que yo exprese mis emociones, también hay mérito y valor en que yo mantenga mi templanza, en especial durante las situaciones que rara vez resulten en ello. Como soy consciente de que los desafíos de la vida no pueden evitarse del todo, cuando ocurran, yo puedo mantener el control de la situación si guardo la compostura. Cuando reaccione de modo estoico, iré descubriendo poco a poco que las situaciones desafiantes se vuelven manejables y que las soluciones están más a mi alcance. El ejercicio de la templanza es un hábito que puede desarrollarse.

¿Cuál es una situación en la que suelo tener problemas para guardar la compostura? ¿Por qué es así? ¿Qué podría ayudarme en el futuro a mantener el control cuando esa situación vuelva a ocurrir?

28 DE NOVIEMBRE

Si me enfoco únicamente en los resultados de mis esfuerzos, entonces estaré dejando que ellos me controlen. Sin embargo, si decido enfocarme en el proceso más que en el resultado, seré capaz de retomar ese control. Habrá momentos en los que las cosas no saldrán de la manera que a mí me hubiera gustado, pero, al enfocarme hacia dónde se me está yendo la atención y la energía, estaré afinando mi disciplina y mi concentración para lograr la meta final. Como mi reconocimiento puede determinar la forma en la que perciba una experiencia, direccionarlo hacia un crecimiento positivo me dará la oportunidad de encontrar todo lo bueno entre lo malo.

¿Cuáles son algunos ejemplos de situaciones en las que se me dificulta concentrarme más en el proceso que en el resultado? ¿Por qué es difícil para mí? ¿De qué manera puedo priorizar mi nuevo enfoque en el proceso por encima del resultado de la situación?

9 DE NOVIEMBRE

Mi nivel de consciencia no solo me brinda las mejores posibilidades para la toma positiva de decisiones, también me permite ser más específico a la hora de expresarme. Cuando yo soy consciente de por qué algo me molesta o de por qué lo disfruto, puedo comunicarlo mejor a mí mismo y a los demás. Ser capaz de comunicar a otros cómo me siento o cómo pueden ayudarme de una mejor manera me permite ser un mejor amigo, una mejor pareja y un mejor familiar. Cada oportunidad que yo aproveche para elevar mis niveles de consciencia siempre será un tiempo bien invertido.

¿En cuál de las facetas de mi vida en particular me siento cómodo expresándome, y en cuál no es así? ¿Qué es lo que tiende a ponérmelo difícil cuando intento comunicarme? ¿Cuál es un ejemplo de una situación reciente en el que haya superado ese reto y haya logrado comunicarme? ¿Cómo puedo mejorar en este aspecto?

---

30 DE NOVIEMBRE

Mi capacidad para administrar el tiempo realmente se reduce a qué tan honesto estoy dispuesto a ser conmigo mismo. Cuando permito que sea la autohonestidad la que determine de qué manera priorizo mi tiempo, soy capaz de gestionarlo sin tener que estarme preocupando de no agobiarme o de no estar haciendo lo suficiente. Cuando mi administración del tiempo se sustenta en lo que efectivamente es mejor para mí, yo puedo ser mejor persona para mí mismo y para los demás.

¿Cuál es un ejemplo de cómo con mi administración del tiempo he priorizado a otros antes que a mí mismo? ¿Qué hay de uno en el que haya ocurrido lo contrario, en donde haya acomodado mis prioridades basándome en lo que era mejor para mí? ¿Qué acciones futuras me ayudarán a administrar mi tiempo de la mejor manera y en mi beneficio?

Reflexión mensual

¿Qué significó este último mes para mí?

_____

_____

_____

_____

¿Cuál inspiración diaria fue la que más resonó conmigo?

_____

_____

_____

_____

Este mes aprendí...

_____

_____

_____

_____

Capítulo Doce: Diciembre

Por lo general, el mes de enero ostenta el título de ser ese mes de los nuevos comienzos y en el cual puedes renovarte tras un largo año, pero eso sí, este nuevo aire de frescura puedes experimentarlo únicamente después de haber reflexionado acerca de los eventos ocurridos a lo largo de los trescientos días anteriores. Y es en este punto que el mes de diciembre entra en acción, porque el acto de reflexionar es su especialidad.

No importa en qué parte del planeta te encuentres—esté nevando o haciendo calor—el final del año es una época que tiende a poner en juego una plétora de emociones y eso, a veces, puede ser difícil de manejar. No es para nada difícil que una época pensada para reflexionar en tranquilidad, más bien termine convirtiéndose en un mes lleno de estrés. En lugar de que solo te anticipes a los desafíos y "salgas adelante", esta es tu oportunidad para que retomes el control de la época del año que puede acabar definiendo cómo será la próxima etapa de tu vida.

Diciembre no necesita ser una cuenta regresiva, así como se suele pintarlo, porque, de nuevo, tomarlo de esa manera añade muchísimo estrés a una época ya de por sí tensa. Piensa que es como el estupendo calentamiento que te preparará a un nuevo, mejor y más productivo año. Cuentas con treinta y una oportunidades más para inspirarte e ir edificando sobre los cimientos que has colocado y reforzado—no está nada mal para dar un cierre al que solo será uno de los tantos capítulos en tu vida.

01 DE DICIEMBRE

Mis palabras deben significar algo; no solo para los demás, sino también para mí mismo. Cuando soy sincero y transparente, eso demuestra mi verdadera integridad. Emplear mi enfoque y mis esfuerzos en desarrollar mi personalidad es siempre un uso provechoso de mi tiempo.

¿Qué papel desempeña la sinceridad en mi vida? ¿En cuáles aspectos podría trabajar para mejorar mi sinceridad? ¿Por qué esos aspectos específicos me dan problemas? ¿De qué manera podría comenzar a mejorar mi personalidad?

02 DE DICIEMBRE

Aunque existen muchos aspectos de mi vida que deben de ser tratados con seriedad, no puedo olvidarme de lo importante que es incluir el humor. Durante los momentos estresantes o difíciles, que yo reduzca un poco la intensidad de la situación puede jugar a mi favor. Cuando lo perciba como una herramienta en lugar de un lujo, podré mejorar mi relación con el humor y aprenderé más sobre los papeles que puede desempeñar para mí.

¿Cómo describiría mi sentido del humor? ¿Le doy la bienvenida en mi vida o es más bien algo que "estorba"? ¿Qué podría hacer para ayudarme a aprender cosas sobre mi humor, y sobre algunas de las formas en las que puedo utilizarlo en mi vida?

03 DE DICIEMBRE

Por más estresante que pueda ser mi vida, es necesario que recuerde que los demás también están peleando sus propias batallas. No me quita nada ser amable y amigable con otra persona. Al aceptar y reconocer la influencia positiva que yo puedo ejercer en alguien más, estaré trabajando en expandir mi visión del mundo y en ser capaz de ver más allá de mi propia perspectiva.

¿Cuándo fue la última vez que fui amable con otra persona a pesar de los problemas en mi vida? ¿De qué manera esa experiencia me ayudó a crecer como persona? ¿Qué es lo que puedo hacer para seguir conduciéndome con amabilidad a pesar de las situaciones de mi vida?

04 DE DICIEMBRE

Hay mérito en ser una persona confiable. Al serlo, además de demostrarles mi respeto a los que me rodean y de hacerles saber que valoro su tiempo, también me doy la oportunidad de que otras cualidades brillen en mí. Al esforzarme por ser una persona más confiable para los demás y para mí, estaré apuntalando mis relaciones personales y profesionales.

¿Qué tan confiable diría que soy como persona? ¿Cuál es un ejemplo positivo de alguna situación en la que mi confiabilidad haya estado presente, y uno negativo en la que no? ¿Cuáles son algunas acciones concretas que yo podría llevar a cabo para que el ser una persona confiable se vuelva una prioridad para mí?

05 DE DICIEMBRE

Cuando en mi presente soy capaz de realizar acciones que beneficiarán a mi yo futuro, yo comienzo a vivir y actuar más allá del "ahora". Al darle prioridad a esa futura versión de la persona que soy, facilito el análisis de la calidad y los efectos que tendrán en mí las decisiones que tome en el presente. Asimismo, ello contribuirá en general a mi paciencia y al modo en el que ordene las prioridades de mi vida.

¿De qué manera describiría a esa futura versión de mí mismo que me esfuerzo por crear? ¿Cuál es un ejemplo reciente de una situación en la que actué pensando en beneficio de mi yo futuro? ¿De qué modo esa acción me benefició tanto en mi presente como en mi futuro? ¿Cuál es el mayor obstáculo que existe entre la versión de la persona que soy ahora y la versión de esa persona ideal del futuro?

06 DE DICIEMBRE

Cuando se trata de mi productividad, el estrés es uno de los mayores enemigos de mi progreso. Debido a que el estrés tiende a manifestarse en mi vida como una distracción, cuando estoy consciente y preparado para las distracciones, le doy a mi productividad una oportunidad para que prospere. Entre menos distraído y estresado esté yo, más progresaré, y más productivo será mi trabajo.

¿Cuáles son algunas de las distracciones más comunes que se interponen en mi productividad? ¿Cuáles son algunas acciones concretas que puedo llevar a cabo para comenzar a retomar el control de mi productividad? ¿Cuál sería un ejemplo concreto de una consecuencia que habría en mi vida si yo me dejara vencer por las distracciones?

07 DE DICIEMBRE

Los desafíos de la vida nunca se terminan del todo, y es por esta razón que se vuelve aún más importante para mí que conserve la calma cuando eso ocurra. Los desafíos no son un aspecto negativo de la vida, más bien detonan mi crecimiento como persona, me hacen ganar experiencia y me llevan a ser la mejor versión de mí mismo. Cuando los desafíos de la vida me enfrenten, en lugar de entrar en negación yo me prepararé y adoptaré una perspectiva realista de las cosas. Al mantenerme tranquilo durante esas situaciones, a partir del desafío aprenderé y me desarrollaré como persona.

¿Cuál suele ser mi reacción habitual durante los momentos más estresantes de la vida? ¿Qué es lo que me ayudará a prepararme y a planificar por adelantado? En el pasado, ¿cuál era la razón por la que yo solía perder el control? ¿Qué enseñanza me deja esta experiencia al respecto de cómo puedo conservar la calma en el futuro?

08 DE DICIEMBRE

La amabilidad es uno de los rasgos más importantes y a menudo más olvidados que yo puedo poseer, y no solo debo dirigirla a los demás, sino también hacia mí mismo. Como la manera en la que me trato y hablo acerca de mi persona influye en la autoimagen que tengo de mí mismo, entre más amable sea yo, más saludable será esa autoimagen. Es posible que yo me trate con amabilidad y al mismo tiempo tenga una perspectiva realista de la vida. Al darme la libertad para el cambio me demuestro a mí mismo mi valía y lo mucho que me importa la persona que soy y en la que estoy convirtiéndome.

La forma en la que suelo hablar de mí mismo, ¿es positiva o negativa? ¿Por qué tengo esas opiniones negativas sobre mí? ¿Qué suele evitar que me trate con amabilidad? ¿Cuáles cambios en mi autocuidado necesito llevar a cabo para tratarme con más amabilidad? ¿Qué es lo que puedo hacer para tratarme más amablemente?

09 DE DICIEMBRE

Aunque sería más fácil para mí dejarme llevar por mis hábitos negativos, si en lugar de eso decido enfocar mi energía y mi concentración en los hábitos positivos de mi vida, estaré priorizando mi lado más saludable y feliz. Si bien los hábitos negativos merecen que se les dedique tiempo a trabajarlos, muy a menudo los positivos son dejados de lado. Yo poseo la capacidad para percibir los dos tipos de hábitos, y también controlo la manera en la que los abordo.

¿Cuáles son tres de mis hábitos positivos? ¿Fue difícil o fácil pensar en ellos? ¿Qué suele provocar que mi enfoque se vuelque en lo negativo, y de qué manera puedo comenzar a cambiar eso?

10 DE DICIEMBRE

En lugar de seguir teniendo problemas para generar un equilibrio entre la vida y el trabajo, comenzaré a esforzarme en lograr la armonía. Esto quiere decir que no me dejaré controlar ni envolver demasiado por la montaña rusa de emociones que se origina al tratar de existir plenamente en ambas facetas. La armonía tiene que ver con los límites, no con esforzarse y estresarse por lograr un equilibrio.

¿Cuál es esa área de mi vida en la que experimento problemas relacionados con los límites de la armonía? ¿Por qué tengo problemas con esa área en particular? ¿Qué se interpone en mi camino para lograr la armonía en todos los aspectos de mi vida?

11 DE DICIEMBRE

Hay un gran beneficio en la capacidad de saber cómo y qué necesito hacer para mi propio autocuidado. No puedo dejar nunca de percibir a mi consciencia más que como positiva, pues es a través de ella es que yo aprendo acerca de lo que realmente me renueva y me ayuda a reiniciarme. Y debido a que sé y acepto que en la vida me encontraré con dificultades, a que conozco de antemano aquello que me permitirá seguir por mi camino y a mi ritmo por medio del autocuidado y fortaleza, seré capaz de adoptar una mentalidad positiva que se reflejará en buenos sentimientos y emociones para los que me rodean.

¿Cuáles son dos de las formas de autocuidado que son más efectivas para mí? ¿Qué es lo que suele impedir que yo las aplique cuando me son necesarias? ¿Cuál sería, a futuro, un buen recordatorio de que el acto de enfocarme en autocuidarme no significa "que me rindo" ni nada por el estilo?

12 DE DICIEMBRE

La creatividad se presenta en una gran cantidad de formas, y por esta razón, es importante para mí que explore en dónde está la mía. Al descubrir los detalles de mi creatividad, seré capaz de canalizar el estrés y los desafíos de la vida a algo positivo y productivo. Aceptaré mi estilo personal de creatividad y lo respetaré como una parte fundamental de mi bienestar y estabilidad.

¿Cuáles son algunos tipos específicos de creatividad que considero como únicos para mí? ¿Qué es eso que suele impedir que yo explore esos aspectos cuando es necesario? ¿De qué modo estas creatividades en acción aportan positividad y felicidad a mi vida? ¿De qué manera mi creatividad puede contribuir a otros aspectos de mi vida personal y profesional?

13 DE DICIEMBRE

Al aceptar y reconocer los beneficios que me trae escribir un diario de una manera regular, estoy facilitándome otra herramienta de autorreflexión que no solo contribuye a hacerme mejor persona, sino también a que yo mismo me entienda mejor. Mi diario actuará como una válvula de escape saludable y confiable en la que podré desahogarme y analizar mis pensamientos. El esfuerzo que yo haga para dar con la mejor forma de llevar un diario bien valdrá la pena por los beneficios que derivarán de ello en el futuro.

En el pasado, ¿cuál ha sido una de las razones detrás de mis problemas para escribir un diario o cualquier otro medio de autorreflexión que se le parezca? ¿Qué es lo que puedo hacer esta vez para que yo adquiera este hábito positivo? ¿Cuáles son algunas acciones concretas con las que puedo comenzar a incorporar la escritura de un diario a mi vida cotidiana?

14 DE DICIEMBRE

Necesito ser consciente de mis propias tendencias negativas para evitar el autosabotaje. Siendo transparente conmigo mismo y enfrentando mis problemas es la manera en la que yo podré terminar con el ciclo destructivo de la vergüenza para enfocarme en encontrar válvulas de escape que sean saludables. Como la manera en la que me trate y hable acerca de mí es importante, actuando de manera positiva conmigo mismo seré capaz de frenar el autosabotaje antes de que éste eche raíces.

¿Qué clase de autosabotaje ha representado un problema para mí en el pasado? ¿Qué es lo que puedo hacer diferente esta vez para fortalecerme a mí mismo en lugar de sabotearme? ¿Cuáles son algunas ideas que puedo implementar diariamente para ayudar a conservar un punto de vista saludable?

15 DE DICIEMBRE

Mi vida no la determinan ni los problemas ni las batallas por las que he pasado, lo hace la manera en la que he decidido responder a todas ellas. Al reconocer que la resiliencia no es un estado permanente del ser, sino una herramienta para mi desarrollo, puedo percibir a mis experiencias bajo una luz más positiva, y como resultado, puedo llevar a cabo acciones constructivas para ayudarme a mí mismo. A mí no me definen las cosas negativas, porque en toda vida las hay, me define el modo en el que respondo. En cada situación y desafío que enfrente, me demostraré a mí mismo que soy libre de elegir mis reacciones.

¿En cuál caso en particular yo mostré cuál es mi definición de resiliencia? ¿Suelo darme el crédito de las situaciones que he soportado y por las que he pasado? ¿Por qué sí o por qué no? ¿Cómo podría verme en el futuro, con ojos positivos, como esa persona resiliente?

_____

_____

_____

_____

16 DE DICIEMBRE

Vale completamente la pena que yo sea paciente con otras personas, pero un aspecto que suele olvidarse acerca de esto es que también debo ser paciente conmigo mismo. Ya sea que esto signifique que deba revisar mis criterios o que deba ser más comprensivo acerca de aquello por lo que he pasado, merezco tenerme paciencia. Cuando contemple mi vida a través de esa lente de paciencia, evitaré ser duro conmigo mismo de una manera innecesaria e improductiva.

¿Suelo tenerme paciencia? Cuando no lo soy, ¿por qué no suelo tener esa paciencia? ¿Me es más fácil ser paciente con otros que conmigo mismo? ¿Por qué es así? ¿Qué puede enseñarme esto al respecto de mis reacciones hacia mí mismo en el futuro?

_____

_____

_____

_____

17 DE DICIEMBRE

Entre más honesto sea conmigo mismo, más crecimiento personal tendré el potencial de alcanzar. Ser deshonesto conmigo no me traerá ningún beneficio a largo plazo. Todo lo que provoca es una fisura entre la realidad y mi percepción de las cosas. Puede que no resulte tarea fácil, pero, entre más firme sea yo con mi autohonestidad, más áreas problemáticas podré identificar y comenzar a reparar.

¿Cuáles son aquellos aspectos específicos de mi vida en los que tengo una tendencia a ser deshonesto conmigo mismo? ¿Por qué esos aspectos en particular? ¿Qué razón tengo para no ser completamente honesto conmigo? ¿Cuáles son algunas acciones concretas que puedo llevar a cabo para que ser honesto comience a tener mérito y sea prioritario para mí?

18 DE DICIEMBRE

las experiencias por las que he pasado en la vida, si reflexiono acerca de ellas, son una increíble fuente de sabiduría para mi futuro. Haya resultado bien o mal la situación, al actuar de manera consciente, autorreflexiva y transparente, yo puedo echar un vistazo atrás y ganar en sabiduría para las experiencias que aún me quedan por vivir. Cuando pueda entender este hecho y creer en la sabiduría que he ganado, tendré más ayuda en el futuro.

Siendo honesto, ¿siento que mis experiencias me han hecho ganar en sabiduría? Si no es así, ¿por qué? ¿Cuál es un ejemplo de una experiencia que me dejó una enseñanza que pude usar a futuro en una situación parecida? ¿Qué quiere decirme esto en relación al proceso de la autorreflexión?

19 DE DICIEMBRE

La manera en la que yo reaccione cuando alguien más haga algo que no funcione me dejará saber cuán comprensivo estoy siendo como persona en ese momento. Al decidir tomar las acciones de otro como si fueran las mías, puedo ser más empático. Cuando soy capaz de moderar mi reacción y en su lugar ver la situación desde otro punto de vista, puedo evitar tener una respuesta inmediata y negativa y mejor actuar desde la amabilidad y la comprensión.

En el pasado, ¿cuándo mis acciones hacia alguien más no nacieron de la comprensión y/o la amabilidad, y cuál solía ser generalmente la razón? ¿Qué enseñanza me queda de esa experiencia, que pueda poner en práctica para futuras situaciones? ¿Cómo puedo lograr que el ejercicio de mi empatía se vuelva más frecuente, aún en los casos en los cuales las interacciones no sean necesariamente positivas?

20 DE DICIEMBRE

Cuando le dedico todo mi esfuerzo y atención a algo, me es posible experimentar un estado mental de flujo que potencia mi concentración y mis capacidades. Valen la pena el esfuerzo y tiempo invertidos en generar ese estado de flujo porque, partiendo de allí, mi productividad y mi progreso pueden alcanzar nuevas alturas. Al brindarme la oportunidad de entrar en este estado de flujo, estoy mostrándome otra forma de priorizarme a mí mismo y a mi productividad.

¿Cuáles serían algunos ejemplos de obstáculos que se interponen entre mí y el estado de flujo? ¿Cuáles son algunos de los modos con los cuales yo puedo acceder de una manera más rápida y eficiente al estado de flujo? ¿De qué forma podría contribuir a mi preparación para enfocarme en mi productividad y evitar las distracciones?

21 DE DICIEMBRE

Las verdaderas pruebas a mi voluntad y disciplina ocurren cuando no existe una consecuencia inmediata que vaya más allá de mi propia perspectiva. Al reconocer primero como significativa una situación, puedo prepararme y emplear mi energía en ser autodisciplinado. Entre más firme sea yo con la autodisciplina, más fuerte se volverá mi voluntad y más seguro me sentiré al respecto de mi capacidad para autodisciplinarme aun y cuando no haya nadie a mi lado. Para fortalecer mi voluntad, comenzaré identificando las razones detrás de las decisiones que tome o no tome. Cualquier comportamiento del cual no sea consciente es un comportamiento bastante difícil de controlar.

¿Cuál es un aspecto que constantemente pone a prueba mi autodisciplina? ¿De qué manera me he esforzado en el pasado para mejorar esto? ¿Ha habido algún progreso? Tomando en cuenta lo aprendido para el futuro, ¿qué acciones puedo llevar a cabo para que, cuando mi voluntad sea puesta a prueba, yo reaccione correctamente?

22 DE DICIEMBRE

No soy perfecto, y por esta razón he cometido errores en mi vida, y en el futuro no siempre tomaré las decisiones correctas. Sabiendo y aceptando esto, es fundamental que yo me perdone por aquellas veces que no elegí con sabiduría. Aunque pueda asumir la responsabilidad y aprender de mis errores, la parte más importante del proceso consiste en saber perdonarme a mí mismo. Esto puede que no me resulte fácil o que no lo logre de inmediato, y eso está bien, pues prestarle atención a este aspecto de mí mismo terminará siendo una acción de valor incalculable para un futuro saludable y positivo.

¿En cuáles contextos de mi vida tengo problemas para perdonarme? ¿Por qué me es tan difícil perdonarme en esos contextos—y también en general? ¿Qué tipo de cambios a efectuar me ayudarán a incorporar el perdón a la forma en la que percibo y tomo medidas para mi autocuidado?

23 DE DICIEMBRE

Cuando soy capaz de aceptar y amar a mi yo que es único, ello me otorga la libertad para apreciar la originalidad que trae consigo. Rara vez el ser alguien diferente es fácil, pero, al percibir y comprender realmente a la persona que soy, estoy haciéndole saber a esa parte original de mí que es bienvenida, apreciada y aceptada.

¿Cuáles son algunos de los aspectos de mí que considero originales o únicos? ¿Qué tipo de relación tengo con esos aspectos? ¿Qué acciones contribuirían a que yo acepte más la originalidad que existe en mi vida? ¿De qué modo puedo apalancarme de mi originalidad y singularidad para avanzar en la vida?

_____

_____

_____

_____

24 DE DICIEMBRE

Mi estado de consciencia, que no existe únicamente para ayudarme a identificar las cosas positivas de la vida, se vuelve invaluable cuando me alerta sobre las negativas. Ser capaz de ver lo positivo es importante, de eso no hay ninguna duda, pero sin lo negativo eso solo sería la mitad del proceso. Yo entiendo que ambas existen dentro de mí y mi vida, así que, al estar consciente tanto de los negativos como de los positivos, puedo reaccionar de manera correcta. Esto lo llevaré a cabo cuando acepte y me sienta feliz por lo positivo, y también cuando analice cómo puedo mejorar y arreglar lo negativo.

Estando consciente, ¿tiendo a enfocarme en lo positivo o en lo negativo? ¿De qué manera esta actitud me ha beneficiado y perjudicado en el pasado? ¿Cuáles serían dos de mis puntos que yo consideraría como negativos? ¿Cómo podría mejorarlos?

_____

_____

_____

_____

25 DE DICIEMBRE

Se necesita tener seguridad en uno mismo para superar muchas cosas en la vida, pero es la humildad lo que me permite dejar de lado mi orgullo y mi ego para concentrarme en la verdad. Aun contando con un excelente nivel de consciencia, mi mente puede minimizar los problemas, permitiéndome ignorarlos, pero también quitándome la oportunidad de hacer un cambio. Cuando pueda hacer a un lado lo que quiero para enfocarme en lo que necesito, seré capaz de fortalecer mi humildad y mi perspectiva de la realidad.

¿Cómo es mi relación con la humildad? ¿A qué problemas suelo enfrentarme cuando trato de actuar desde la humildad? ¿Cuál fue una vez en la que la humildad me permitió ver algo que, de otra manera, hubiera pasado desapercibido para mí?

26 DE DICIEMBRE

Resulta muy sencillo que yo vea todas las dificultades, cosas negativas y problemas que potencialmente pueden surgir en el futuro, pero, a menos que yo decida matizarlas con esperanza, solo me estresarán. Es fundamental estar preparado para lo que vendrá, siempre y cuando no haya desesperación de por medio. La esperanza no me prepara para la decepción, me hace libre de creer que puedo tener éxito y que puedo lograr lo que me propongo.

En estos momentos, ¿cuáles son algunas de las cosas que me hacen sentir esperanzado? ¿De qué manera la esperanza ha ejercido un efecto positivo en mi vida? ¿Qué es lo que debo hacer para conservar mi esperanza y mantener lejos a la negatividad?

27 DE DICIEMBRE

Al encontrarme en medio del bullicio y complejidades de la vida, es demasiado fácil que yo olvide cosas. Por esta razón, es muy importante que yo tenga presente cuáles de las relaciones en mi vida se merecen mi tiempo y esfuerzo. Las relaciones saludables y duraderas de cualquier tipo requieren de esfuerzo y constancia. Al identificar los aspectos que se me dificultan a la hora de mantener esas relaciones, yo puedo ser más consciente de ellos en el futuro para evitar dañarlas.

¿Qué circunstancias de mi vida provocan que me olvide de mis relaciones? ¿Cuáles pueden ser unos pocos y útiles recordatorios para cuando eso ocurra? En el pasado, ¿cuál es un ejemplo de una ocasión en la que me haya dado cuenta de lo que ocurría, y haya sido capaz de evitar un daño a la relación? ¿Qué puedo aprender de esa experiencia para el futuro?

28 DE DICIEMBRE

En la vida puede haber errores, pero es importante que yo no los etiquete ni asimile como fracasos. En lugar de eso, es necesario que yo perciba cada uno de esos resultados como otra oportunidad para aprender algo sobre mí mismo y la vida. Al cambiar una perspectiva negativa—fracaso—a una positiva que representa una oportunidad de aprendizaje, me encaminaré a experimentar más crecimiento, más oportunidades de aprender, y en general a obtener beneficios a largo plazo.

¿De qué modo puedo comenzar a percibir los aspectos más desafiantes de mi vida como oportunidades de aprendizaje en lugar de fracasos? ¿Por qué se me dificultan esos aspectos? ¿Qué cambios puedo poner en acción para que ocurra ese salto cognitivo de fracaso a aprendizaje?

29 DE DICIEMBRE

No puedo permitir que el ritmo de la vida determine la velocidad a la que yo tomo mis decisiones. Cuando cedo ese control, pierdo la oportunidad de prepararme o tomarme el tiempo para analizar la situación. La presión que ejercen los muchos aspectos de la vida dificulta enormemente que yo elija mi propio ritmo antes que al de la vida, pero, al final, hacerlo desembocará en mejores elecciones y más productividad. Entre más lo haga, más seguro iré sintiéndome en los momentos en los que deba elegir entre prepararme o apresurarme.

¿En cuáles aspectos de mi vida me siento más presionado en relación con la velocidad y ritmo de las decisiones? ¿Cuál suele ser mi reacción más común a esas circunstancias? ¿Qué acciones me ayudarán a mantenerme firme a pesar de la presión, y a priorizar mi propio ritmo?

30 DE DICIEMBRE

No cuento con un suministro ilimitado de energía emocional. Al reconocer mis límites, seré más consciente de dónde o en qué invierto esa energía durante el día. Entre más consciente esté de esta inversión, mejor será mi regulación entre las áreas que lo merezcan, y aquellas que no. Al retomar el control de mi inversión energética no solo me volveré más productivo, también me probaré a mí mismo mi valía pues estaré demostrando que soy mi prioridad.

¿Cuáles son dos de las áreas que merecen que invierta mi energía emocional en ellas, y dos que no la merecen pero aun así la tienen? ¿Por qué esas dos áreas no merecen mi energía? ¿Qué puede ayudarme a realizar hallazgos parecidos, positivos, en un futuro?

31 DE DICIEMBRE

Ser capaz de reconocerme por mis logros es una práctica muy valiosa que vale la pena seguir efectuando. Yo me esfuerzo y dedico energía a las cosas por las que trabajo, y por esta razón no hay nada de malo en que yo me celebre mis logros. Hace un año yo me embarqué en esta travesía, y el hecho de encontrarme aquí, en este momento, ciertamente es algo digno de reconocimiento. ¡Continuaré por mi camino con este ánimo, tendré presente mi valor como persona y recordaré que la dedicación que yo le ponga a mis metas también es valiosa!

¿Cuáles serían algunos eventos o cosas que ocurrieron durante el año pasado, sobre los cuales me siento especialmente orgulloso? ¿Me reconocí por esos logros en el momento que ocurrieron? Si no fue así, ¿qué podría ayudarme a conservar un ánimo de reconocimiento y autoapreciación en el futuro? ¿Qué mensaje personal, dirigido a mi yo del futuro, me gustaría dejar escrito aquí para cuando regrese a este diario?

Reflexión mensual

¿Qué significó este último mes para mí?

_____

_____

_____

_____

¿Cuál inspiración diaria fue la que más resonó conmigo?

_____

_____

_____

_____

Este mes aprendí...

_____

_____

_____

_____

Conclusión

A medida que todos vivimos la vida y el tiempo transcurre, fácilmente puede pasar que toda nuestra atención se enfoque en el tiempo que, sentimos, estamos perdiendo. Entre más atención le ponemos a lo veloz que transcurre el tiempo, más rápido se nos pasa la vida. No se trata solamente de un tiempo que puede contarse en horas, días o semanas, es tiempo que hemos vivido sin reflexionar sobre nuestras vidas. Es un tiempo en el que no se ha dado ninguna clase de proceso de autosuperación.

Sin embargo, lo que nosotros hemos realizado a lo largo de este año ha sido extraordinario porque hicimos muchísimo más que leer unas cuantas palabras cada día; nosotros recuperamos el control y logramos conocernos mejor y con más profundidad que antes.

Aunque en ocasiones podamos sentir que no controlamos las cosas que nos afectan y dirigen, existen dos aspectos sobre los cuales sí tenemos el control, y son nuestras mentes y almas. Tenemos el poder de redirigir nuestros cuerpos hacia perspectivas más constructivas acerca de la vida, para creer en nuestra propia capacidad de superar los obstáculos que se interponen en nuestro camino y para sentirnos confiados en que podemos hacer más que solo existir y sobrevivir a los días. Lo que hemos hecho durante el año ha servido no solo para nuestro crecimiento, sino también para que descubriéramos esas áreas por mejorar que antes ni siquiera habíamos notado.

Ahora, te tengo una buena noticia y una mejor noticia. La buena noticia va de que este libro no fue solamente un sustituto de un diario o una cosa para hacer por las mañanas, este libro fue una pieza fundamental para que nosotros regresáramos a nuestras bases y las reforzáramos por medio de la confianza, la autoconsciencia, y lo más importante, nuestras acciones.

¿Cuál es la mejor noticia? La mejor noticia es que este diario fue escrito y pensado para que lo uses año tras año. No es como un calendario que puedes arrojar a la basura el último día del año. Sea cuando sea que iniciemos nuestro nuevo año, podemos empezar otro diario y continuar con nuestro camino hacia la autosuperación.

Usa el diario que esté completo para reflexionar acerca de cómo han cambiado las cosas desde que escribiste esas notas, en particular aquellas que fueron escritas durante los primeros días. ¿Qué tan lejos llegaste en tu camino? ¿Lograste tus metas o te quedaste corto en algunos aspectos? Toma en cuenta aquellas inspiraciones que te impulsaron cuando el agotamiento te llevaba ventaja, las lecciones que te enseñaron lo que era en verdad importante, y aquellos hábitos que solían ser negativos y que hoy son positivos además de productivos, ¡lo cual es doblemente bueno!

El punto es que hemos logrado algo que, aunque no haya comenzado como un viaje de esos que te cambian la vida, ¡ahora basta con que veamos en dónde estamos! Debemos hacer una pausa y reconocer los cambios que hemos hecho a nuestras vidas y a nosotros mismos en general durante el último año. ¡Y no estamos, ni por asomo, cerca del final! Este es el comienzo de un nuevo capítulo en nuestras vidas, uno que escribiremos a través de un espíritu de responsabilidad, pertenencia, ambición y renovación. Cada una de las páginas brinda una nueva y emocionante oportunidad para ampliar nuestros horizontes y mejorar aspectos de nosotros mismos que han estado desatendidos durante un largo tiempo.

¡Nosotros lo logramos! ¡Nosotros hicimos de todo esto una realidad! No fue cosa de magia o una ilusión—nosotros modificamos nuestra realidad y, de aquí en adelante, podremos continuar trayendo esos cambios positivos cada día. No necesitamos darnos consejos acerca de cómo ser diligentes cuando se trata de estas acciones positivas porque los efectos de este tipo de mejoras duraderas y profundas que hemos hecho a nuestra persona no son superficiales, han hecho cambios hasta lo más hondo de nuestro ser.

¿Qué logrará tu nuevo tú durante el próximo año? ¿Qué aventuras te esperan en este nuevo camino que se abre ante ti? La única opción para ti es hacer exactamente lo que hiciste para traerte a este punto—¡anda, da tu primer paso porque este es tu camino!